孝感文化遗产集萃

孝感可移动文物普查报告

湖北省孝感市博物馆 编

WUHAN UNIVERSITY PRESS
武汉大学出版社

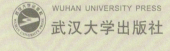

图书在版编目(CIP)数据

孝感可移动文物普查报告/湖北省孝感市博物馆编.—武汉:武汉大学出版社,2020.11
孝感文化遗产集萃
ISBN 978-7-307-20474-4

Ⅰ.孝…　Ⅱ.湖…　Ⅲ.文物—考察报告—孝感　Ⅳ.K872.633

中国版本图书馆CIP数据核字(2018)第193738号

孝感可移动文物普查报告

责任编辑:胡国民　　责任校对:汪欣怡　　整体设计:涂　驰

出版发行:**武汉大学出版社**　(430072　武昌　珞珈山)
(电子邮箱:cbs22@whu.edu.cn　网址:www.wdp.com.cn)
印刷:武汉市金港彩印有限公司
开本:880×1230　1/16　印张:26　字数:197千字　插页:2
版次:2020年11月第1版　2020年11月第1次印刷
ISBN 978-7-307-20474-4　定价:348.00元

《孝感可移动文物普查报告》编辑领导小组

组　长　宋明芳

副组长　周　谦

《孝感可移动文物普查报告》编辑委员会

蒋俊春　梁　静　曾文林　余志红　张宏奎

张　浪　查逢志　张海蓉　王　方　张耀明

《孝感可移动文物普查报告》编辑人员

总　编　蒋俊春

副总编　汪艳明　刘志升

主　编　刘志升　张　明　何旭佳

编务组（按姓氏笔画排序）

万元洲　刘　军　刘杰峰　沈　飞　汪桂英

杨　婷　杨文俊　杨淑华　李艳辉　李翠萍

邹娟娟　张　明　张　丹　段小燕　褚勇军

蒲　恒

序

欣闻《孝感可移动文物普查报告》编纂完稿，作为孝感市文化体育新闻出版广电局负责人，我感到由衷的高兴，并表示祝贺。为展示“孝感市第一次全国可移动文物普查”丰硕成果，宣传孝感历史文化遗产，2017年年初，市博物馆馆长蒋俊春同志提出编纂《孝感可移动文物普查报告》的构想，我十分赞成，并要求她作为市博物馆2017年的一项重要任务去落实。在短短的数月时间里，这本书即已编纂成册。这是市博物馆继《孝感文化遗产集萃》首辑《孝感铜镜》后的又一成果，是孝感文化文物事业中的一件幸事。

2012—2016年，孝感开展了“孝感市第一次全国可移动文物普查”。这次普查由国务院统一组织，采用专业部门使用现代信息手段集中调查统计的方式，分区域对辖区可移动文物进行调查、认定和登记，以掌握可移动文物现状等基本信息，为科学制定保护政策和规划提供依据。这是一次“国宝大调查”。

孝感市文物普查工作在市委市政府的领导下，各级成员单位密切配合，广大文博干部全力投入，通过近五年的艰苦奋战，取得了丰硕成果，共查实全市国有单位藏品达34925件套。通过这次普查，基本摸清了孝感市的文物家底，锻炼了人才队伍，开阔了眼界，为进一步实现新时期文化遗产保护、推动文化事业大发展大繁荣奠定了坚实的基础。

《孝感可移动文物普查报告》是“孝感市第一次全国可移动文物普查”丰硕成果的大集结、大亮相，通过此书可窥见孝感优秀历史文化之一斑。《孝感可移动文物普查报告》的出版，对弘扬和宣传孝感厚重的历史文化资源，激发人们热爱家乡、建设家园的热情，提升孝感文化品位，具有重要意义。

值此书付梓之际，特作此序，以向全市文博工作者表示亲切的问候和崇高的敬意。

2017年12月于孝感

前　言

孝感市位于江汉平原东北部，北靠信阳市，东接黄冈市，南连武汉市，西邻随州市和天门市，总国土面积 8910 平方公里。全市辖孝昌、大悟、云梦三县和孝南一区，代管应城、安陆、汉川三市，总人口 500 多万。孝感市北枕桐柏山、大别山余脉，南临湖北省第二大河流汉江，地势北高南低，自北向南倾斜，北为山区和丘陵，南为平原湖区。“孝感”的第一个县名为“孝昌”。南朝宋世祖孝武帝孝建元年 (454)，为褒扬孝行之昌盛、孝名远扬的安陆东境，在此地设一新县，命名为“孝昌”。至五代后唐时期，后唐庄宗李存勖为避其祖父李国昌的名讳，于同光二年 (924) 改孝昌为“孝感”（取孝子董永“孝感动天”之意），此后“孝感”一名沿用至今。史料记载，孝感历史源远流长。今孝感市境内各县市区，夏商时代为古荆州之地；周为楚、郧、贰、轸等诸侯国割据地；秦属南郡；汉以后属荆州江夏郡；南北朝以后属安陆郡；唐属安州；宋以后属德安府；清分属德安府、汉阳府；民国时期分属湖北省第三、四、五行政督察区。

孝感有着光荣的革命历史：大革命时期，这里是北伐军的前进基地。土地革命时期，这里是鄂豫皖和湘鄂西苏区的重要组成部分。贺龙、徐向前指挥红军在此进行过龙王集、双桥镇等著名战斗，取得了辉煌战绩。抗日战争时期，陶铸在应城汤池举办培训班，培育了大批抗日骨干；李先念在安陆彭家祠堂宣布建立新四军第五师；鄂豫边区抗日民主根据地和新四军五师的领导指挥中心也在孝感成立。抗战胜利后，周恩来在大悟宣化店同国民党代表谈判，揭露了国民党假和谈真内战的阴谋；李先念、郑位三、王震、王树声率领中原主力部队打响了震惊中外的中原突围，拉开了全国解放战争的序幕。孝感人民配合刘邓大军南下，积极支前，为解放全中国作出了重要贡献。在 1955—1965 年授衔的开国将军中，孝感籍将军有 50 名，其中大悟县 37 名，居全国将军县第 7 位。

一方水土养一方人，一方人创造一方特有的文明。在这块美丽富饶的土地上，孝感的先人们创造了灿烂的文化。到目前为止，孝感已发现不可移动文物3885处，其中有古遗址857处、古墓葬1866处、古建筑807处、石窟石刻9处、近现代重要史迹及代表性建筑345处、其他1处。依级别分，全市重点文物保护单位553处，其中全国重点文物保护单位6处，省级文物保护单位29处。

为进一步摸清辖区可移动文物存量，2011—2016年，按照国务院统一组织，孝感市展开了第一次全国可移动文物普查工作。在市普查办的组织领导下，在广大普查队员的努力下，在各国有收藏单位的支持下，历时5年，对全市近3000家国有单位进行摸底调查，通过专家组进一步认定，最终确认有28家国有单位收藏文物。共认定文博系统外单位藏品530件（套），系统内单位11家、藏品34395件（套）；全市国有单位共有藏品34925件（套），其中，三级（三级）以上珍贵文物711件（套）。

此次编纂的《孝感可移动文物普查报告》选取了具有代表性的、孝感市境内出土或发现的部分三级以上文物精品376件，分列13个时代，其中，新石器时代8件、商13件、西周8件、东周88件、秦46件、汉59件、魏晋南北朝18件、隋唐32件、宋50件、元5件、明10件、清28件、近现代11件（套）。这些文物是孝感地区优秀历史文化遗产的代表，也是对普查工作成果的总结和展示。

本书可作为大学历史学和考古学的参考资料，也可供美术和工艺学者借鉴。

编者

2017年12月

目 录

孝感市第一次全国可移动文物普查报告

按照《国务院关于开展第一次全国可移动文物普查的通知》（国发〔2012〕54号）的要求，在《关于发布〈湖北省第一次全国可移动文物普查实施方案〉的通知》（鄂文物发〔2013〕15号）的具体指导下，孝感市第一次全国可移动文物普查工作在市委、市政府的高度重视和大力支持下，通过全市各级普查办的共同努力，从2012年年底开始，于2016年6月完成全部藏品信息的上报工作，圆满完成普查工作任务。孝感市的可移动文物普查 工作涉及7个县市区，包括孝南区、汉川市、应城市、云梦县、安陆市、孝昌县、大悟县。通过普查工作，摸清了全市文物家底，掌握了文物保存现状，完善了馆藏文物数据，有效保护了系统外藏品，提升了各收藏单位的专业技术水平；完善了文物档案、制度和规范，明确了保护需求，推动了孝感市馆藏文物的保护和利用。

一、组织和宣传工作

孝感市的普查工作于2012年年底正式启动。前期做了大量的准备工作，并从普查的组织保障、人员保障、经费保障等方面做了初步的协调和规划。全国电视电话会议召开后孝感市迅速召开了全市文物工作会议并传达会议精神，随后，各县、市（区）政府设立相应的普查领导小组及其办公室，并着手编制各自行政区普查工作通知和实施方案。

1. 健全组织机构

面对点多、面广、工作任务重的情况，市政府成立了以主管副市长为组长、文体局局长为副组长，各有关部门负责同志为成员的普查领导小组，全面统筹、协调、指导全市的可移动文物普查工作，普查小组办公室设在文物局，负责组织协调各收藏单位开展普查工作。为使全市普查工作协调、统一开展，及时组织召开了普查工作会议，对全市普查工作进行总体的安排部署，并下发普查相关文件资料及宣传材料，以提高全行业主动参与文物普查的积极性。

2. 落实经费保障

根据《财政部、国家文物局关于加强第一次全国可移动文物普查经费保障与管理的通知》，普查所需经费由中央和地方分别负担，各地方财政部门要按照该通知的要求，担负起相应的支出责任，切实保障普查经费，将普查经费列入年度财政预算，以确保专项安排，及时、足额拨付到位。经初步统计，孝感市共落实普查经费191万元。

孝感市各级普查办积极向财政部门申请经费，普查工作也得到了省财政、地方财政的大力支持，对个别因财政收入低、拨付困难的县市，湖北省文物局成立了经费督导组，专门到地方财政积极争取，协调经费解决事宜。汉川市普查办公室根据该市普查工作实际需要，参照《第三次全国文物普查专项经费使用管理办法》编制了汉川市第一次全国可移动文物普查专项经费预算方案；收藏单位孝感市博物馆也编制了《市博物馆关于申请拨付第一次全国可移动文物普查专项工作经费的报告》，孝昌县编制了《孝昌县第一次全国可移动文物普查经费预算》。

普查专项资金全部用于购买普查所需摄影设备、信息采集测量仪器设备、存储设备电脑、移动硬盘、其他耗材及国有单位调查、文物认定所需的交通费等。普查领导小组及其办公室要按照国家财政制度规定，加强经费管理，专款专用，厉行节约，反对浪费，以确保资金使用的规范、安全、有效。同时，加强普查设备的登记、使用与管理，以防止国有资产流失。

3. 进行广泛宣传

孝感市第一次全国可移动文物普查工作自启动以来，为做好宣传工作，落实宣传目标任务，市属各级单位充分发挥报纸、广播、电视、网络、传播媒介的作用，不断强化普查工作宣传。在宣传中，根据各阶段工作特点和不同受众群体，确定了不同的宣传侧重点。在普查前期准备阶段，重点宣传文化遗产保护的法律法规、方针政策，文物普查的目标、任务和意义，普查的范围对象、内容和方法，普查的技术标准、规范、实施步骤等，从而达到让各相关部门熟悉如何配合文物普查，让普查人员掌握如何开展文物普查，让社会公众清楚如何参与文物普查的目的，为文物普查工作顺利进行创造良好的社会环境与舆论氛围。在普查实施阶段，重点对普查开展情况、重大发现等进行宣传。在成果汇总阶段，重点对普查中涌现出的感人事迹、普查成果、经验做法等进行宣传。

在加强日常宣传的同时，还紧密结合“5.18”国际博物馆日、文化遗产日等时机，通过制作宣传标语、发放宣传材料、图片展板、调查问卷等方式加强普查宣传。此外，在国有单位调查阶段普查队员既是普查员，又是宣传员，每到一处都向国有单位发放《致国有可移动文物收藏单位的公开信》、文物普查宣传资料，宣传普及文物知识和普查知识。

通过以上分阶段、有重点地开展国有可移动文物普查及文物保护的宣传工作，提高了公众对可移动文物普查工作的了解与认识，得到了各国有单位对我们工作上的支持与配合，为孝感市顺利开展普查工作营造了良好的社会舆论氛围。经统计，普查期间，孝感市在全国普查平台共发布工作宣传报道2篇，在孝感地区报纸上发布报道4篇；汉川市普查办发布普查工作简报6期。

二、国有单位调查

为确保可移动文物信息的完整性、真实性和准确性，各级普查办从统计局、编办、工商局、国资委等部门收集了各行政区机关事业国有企业单位名单，对于从不同部门得到的国有单位原始名录，普查队员除了认真核对增删外，还进行了必要的走访调查。在此过程中，发现有一些机构虽然在册，但是没有办公地点和办公人员。在了解到情况后，及时从之前的原始名单中删除，以免造成工作重复，增加工作负担。对一些性质不明确的企业，普查队员不厌其烦地到工商、国资委查询企业性质，删掉不属于调查范围内的单位，以确保调查名单准确无误。

国有收藏单位调查时间为2013年7月到2014年1月，各普查办根据实际情况，采取了印发报送调查表通知和入户调查相结合的方式，个别地区采取开动员会的同时以行政系统为单位现场发放调查表的方式，经过近半年的奋战，对全市国家机关、事业单位、湖北省驻孝感大型国有企业、事业单位等计 3000 多件国有单位所收藏保管的国有可移动文物进行摸底调查，共发放调查登记表 3500 份，回收 3000 份，因为涉及漏填、误填、遗失等原因，最后核实统计为 2974 家国有单位，调查覆盖率 100%；国有单位文物收藏情况调查登记表回收率 100%，反馈有收藏文物的单位 28 家，计 33207 条文物信息。

三、系统外文物认定

文物认定是一项讲究专业性、科学性和严谨性的工作，一般普查员难以胜任，需要有经验、具备丰富专业知识背景的专家。因此，我们在全市范围内从党史、档案、图书、民政、文博等系统中聘请了一批具有高级职称，且有一定文物鉴定水平的专家，成立了文物认定专家组。

普查办通过给相关单位发函，由各单位推荐，根据工作需要和专家资历、类别进行筛选，组建了由档案、文博、民政、图书等系统组成的 6 人专家组开展工作，为了确保工作规范开展，还制定了《孝感市可移动文物普查认定工作流程》。

孝感市系统外国有收藏单位以民政系统的纪念馆和文化系统的图书馆为主，涉及大量的革命文物和民国古籍图书，这些认定工作既是重点也是难点；而且个别收藏单位藏品数量少，如有几个国有单位就只有一件藏品。针对以上情况，我们采取离市区由远而近，收藏单位文物数量由少到多的策略在全市有序开展文物认定工作。2014 年 5 月，孝感市普查办召开了文物认定工作会议，安排部署了系统外单位的文物认定工作。2014 年 6 月至 7 月，普查办组织专家组成员到系统外的孝感市烈士陵园管理处、孝南区文化馆、应城汤池鄂中革命烈士纪念馆、应城革命烈士纪念馆、安陆李白纪念馆、安陆赵家棚抗日烈士陵园、鄂豫边区革命烈士陵园、大悟县图书馆 8 家单位现场认定，共认定 240 件（套）文物。对于图书馆系统民国时期数量庞大的古籍调查，在孝感市图书馆的大力支持下，全市图书馆系统按时上报了民国古籍共 882 册（套）。8 月至 9 月，各县市区普查办整理并向市普查办提交认定的文物信息和填报的资料，新发现新认定非文博系统收藏单位 17 家，藏品数 530 件（套）。

四、信息采集与登录

文物信息采集登录是普查工作的第二阶段，是关系普查工作全局的关键阶段，考验着文博工作者的专业素质。为了科学化、专业化、规范化地开展工作，孝感市普查办除了选派业务骨干参加省里组织的培训外，对全市范围内的普查骨干也进行了集中培训；培训从理论上和实操上进行，严格按照《第一次全国可移动文物普查工作手册》《馆藏文物登录规范》和《普查藏品登录操作手册》开展信息采集和登录工作。

信息采集以各地普查办博物馆业务骨干为主，采取“流水线”工作模式，采集登录工作分三个小组同时进行，摄影组负责藏品照片的采集，测量组负责藏品的取用、摆放、测量、归库，录入组负责信息的记录和输入。

因普查信息采集涉及的内容专业性强、工作量大，为了确保信息的准确性和科学性，大量非文博收藏单位的信息采集录入由文博单位普查组负责，非文博收藏单位协助开展工作。经调查，应城市图书馆民国时期的古籍数量大，普查信息采集录入期间适逢应城文化中心搬迁，应城市图书馆大量的古籍均已打包封箱待搬运，这就严重影响了藏品信息采集的进度。为此，应城市普查办与图书馆进行多次沟通，获得了对方的大力支持。应城市图书馆领导指定专业人员协助普查工作，将古籍运送到博物馆临时库房内。经过一周的清理、分类、拍照、登录，该市普查办将图书馆馆藏民国古籍进行了全面的整理和详尽的登录，纠正了之前调查阶段的遗漏、误登等现象，并使图书馆登记古籍数量由原来的 100 余册增加至 233 册。

为了在规定的时间节点内完成信息采集登录工作，孝感市普查办采取“以会代训、现场督导”的方式推进工作的开展。2015 年，先后召开了两次信息采集登录推进会，会上除了介绍工作开展较好地区的工作经验外，市普查办领导更做了明确指示，再次强调要充分重视普查工作，要求各地把普查工作纳入年底工作考核，且作为目标考核的一项重要内容。

2015 年年底，孝感市 28 家国有收藏单位共采集上传 33207 件（套）藏品信息（原始信息未经终审确认，与最终数据有出入）。

五、数据审核

孝感市的信息审核工作与信息录入工作同时开展。按照“四级审核”程序要求，各县市区普查办对本级信息进行初审，市普查办对提交上来的信息安排专家集中审核，对发现的问题及时沟通修改。在工作中我们强化专家组的职责，将登录上传与审核工作进行合理统筹，组织全市普查队员与文物专家分工协作，分两阶段进行初审工作。严格按照国家普查办编写的《普查藏品登录操作手册》，对每一条文物目录下的文物名称、年代、类别、质地、计件、尺寸、质量、完残程度、保持状态、文物图片等 14 项信息逐一查看，对发现的问题由登录人员当场记录并规定时间节点及时修改，以确保文物数据信息的真实、完整、可靠。

第一阶段是 2015 年 6 月至 9 月，主要对孝昌、汉川、安陆博物馆的文物进行初核。孝感市普查办安排了 3 位专家参与审核，并把在审核中出现的问题进行汇总，在湖北省普查办督导组 9 月来孝感的时候集中反馈、统一标准。第二阶段是 2015 年 10 月至 12 月，主要对孝感市博物馆的钱币类文物进行专项审核，并修改上一阶段审核发现的问题。虽然钱币类藏品较多，接近 2 万条数据，但存在大量相同类型的钱币，出现的问题较容易分辨；为提高效率，我们统一标准，安排专家与普查队员共同完成钱币类文物的审核。

为落实 2016 年度全省普查办主任会议工作要求，加快全省普查数据审核进度，确保数据审核质量，湖北省普查办采取“离线数据、三级联审、实地审核”的方式开展省级终审工作。2016 年 5 月 22 日至 5 月 25 日，省文物局普查办省级数据审核专家组一行 6 人，深入孝感市开展数据省级终审工作。由专家组组长把全市数据交叉分配给参与终审的各专家和各地普查骨干，采取逐条审核的方式，通过 4 天的辛劳工作，修正了错误信息，最终确定孝感市采集上报国有收藏单位藏品信息为 34925 件（套）。

六、科学编制普查报告

普查报告不仅是工作的成果汇总，更是检验工作成绩的一个重要方面，因此，孝感市普查办特别重视普查报告的编写。各普查办在对普查组织、业务培训、单位排查、文物调查与认定、数据登录等工作进行全面总结的基础上，全面收集、整理和汇总普查相关资料，在省普查办的要求和安排下，根据规范要求，按照统一的格式编写完成本行政区域的普查工作报告。

七、采取的主要工作方法

孝感市的普查工作涉及7个县市区的28家单位，普查工作稳步推进，领导重视是关键。在工作中，市普查办勤汇报、多反映，使普查工作受到领导的重视和支持，为普查工作的顺利开展提供了坚强的组织保障。

（一）协调全面推进

从可移动文物普查工作启动以来，每年孝感市普查办都要召开两次全市范围内的普查工作会议，至今已经召开了6次全市范围内的普查推进会。各级普查办在会议上互相学习、交流经验，研究解决文物普查中遇到的问题，并部署下一阶段工作任务，以会代训，督促文物普查工作按照进度有序推进。

（二）开展业务培训

在信息采集录入阶段，虽然湖北省普查办进行过专业培训，但培训学员实际操作不够，致使出现了很多技术上的问题。为此，孝感市普查办工作人员把平台上报的流程操作截图制作成PPT，集中各地普查骨干进行讲解演示。为保证信息采集的质量，市普查办对信息上报中的照片质量、数据填写规范等也做了严格的要求。

（三）现场督查指导

部分县市普查工作人员专业技术水平有限，为保证信息采集的质量，孝感市普查办多次组织市博物馆专业人员到各收藏单位现场指导信息采集，特别是大悟、汉川的古籍图书信息采集专业性较强、难点突出，通过现场指导有效地解决了这一问题。同时，加强检查督导，对行动迟缓、完成任务滞后的重点督促，情况严重的进行通报。

八、取得的主要成果

（一）掌握本行政区域可移动文物资源情况及价值

1. 基本摸清了馆藏文物家底

通过对全市国家机关、事业单位、省驻孝大型国有企业、事业单位等计2974多个国有单位所收藏保管的国有可移动文物进行摸底调查，第一次摸清了孝感市国有可移动文物的家底，初步掌握了全市文博系统和各级党政机关、国有企事业单位可移动文物的数量和分布情况，以及文物的本体特征、基本数据等。经统计得出：收藏有文物的单位28家，系统内单位11家，藏品数件34694（套）；系统外单位17家，藏品数530件（套），藏品总计35224件（套）。其中，87%以上的文物主要由5家博物馆收藏，有专门的藏品保管人员负责管理，因此整体保存状况较好。

2. 掌握了可移动文物保存现状，为下一步加强保护提供了依据

从藏品保存状态来看，部分损腐、需要修复的3819件（套），占比10.9%；腐蚀损毁严重，急需修复的699件（套），占比2%；已修复的623件（套），占比1.8%；状态稳定、不需修复的30054件（套），占比85.3%；共有12.9%的藏品需要修复。从保管设施投入上来看，28家国有收藏单位除文博系统有专门的库房、藏品柜、囊匣、空调、排风扇、除湿剂、杀虫剂等基础保护设施外，其他非文博单位基本上没有什么保护设施，特别是图书馆系统数量庞大的民国古籍，存放环境阴暗、不通风，也没采取防虫蛀、防尘措施，保存环境恶劣，保存现状堪忧。从保管人员配备上来看，文博单位有专业保管员，而非文博单位没有专门保管员，大多是代管而已，这样不仅不利于藏品安全，更别提藏品养护了。

通过普查发现，孝感市系统外国有单位藏品保存现状不容乐观，且系统内与系统外单位保存状况受人力物力投入不足及管理者保护意识薄弱的影响，保存状况差别较大，如不加强保护，这部分藏品将面临更大的损失。通过此次普查，全面掌握了藏品保护现状，为有针对性地进行藏品保护提供了依据；同时，把系统外单位藏品纳入保护范围内，实现在线动态管理、保护与利用，将有利于改善文物保护条件。今后更需要加大文物保护知识的宣传、培训力度，增强文物保护意识，提高文物保护技能，增加文物保护经费投入，确保需要保护的文物能够得到及时、有效的保护。

3. 系统完善了馆藏文物数据

通过文物普查工作，各收藏单位对原账册存在的藏品命名不准确、部分指标项如质量、年代和规格不全的进行了补充，尤其是贵金属文物和宝玉石文物的质量，通过这次普查全部补充完整，为下一步完善文物账册创造了条件。

4. 有效保护了系统外藏品

通过专家组的集中认定，很多之前不被重视的藏品被认定为文物，价值得到了肯定；根据专家们提出的保管建议，登记造册，为藏品建立数字档案，创造了良好的外部保存环境，且安排专人保管，更好地保护了藏品。

5. 极大提升了专业技术水平

通过文物普查，提升了各收藏单位的藏品保管工作能力和专业技术水平。可移动文物普查涉及面广、新知识多，只有不断加强业务能力学习，才能适应文物普查工作的要求。值得一提的是，藏品保管工作人员在工作中再次深刻领会到了业务知识和整体团队协作精神的重要性。

（二）健全文物保护体系

1. 完善文物档案

在普查工作中，结合文物藏品管理，在原有藏品记录档案的基础上进一步完善；对各国有收藏单位新增的文物信息进行编目制卡，并将其藏品信息并入原有的电子数据库。

孝感市普查办结合数据采集和登录程序，同步开展了藏品档案建设；将藏品信息制作成纸质数据和电子数据两套，做到纸质档案与电子档案双备份。这样既确保了档案安全，又满足了信息化管理、使用的要求。同时，依据档案法有关规定，实行专柜存放、专人管理，制定了管理制度，落实了管理责任，并对普查档案利用等情况进行跟踪记录，切实做好档案管理工作。

2. 完善制度和规范

在普查中，我们不断加强制度建设，摸索制定保障工作有落实、有实效的方式，分别建立了普查督导制度、沟通协调制度、信息通报制度和专家咨询制度四项制度；探索保障机制有效落实的途径和方式方法，包括人力、物力、财力等，积极争取获得各国有收藏单位的理解、支持与配合。在具体开展普查工作过程中，我们紧紧围绕国有收藏单位范围的特点，在保证普查总体进度、普查质量的前提下，采取“两个结合”的办法，积极促进文博系统内与文博系统外相结合，促进普查工作与提高队伍素质相结合，从而形成了联动式普查的有力格局，实现了普查工作和培养队伍的双重目的，取得了较好效果，确保了孝感市可移动文物调查、认定、登记、管理等工作的顺利推进。

通过此次可移动文物普查，国有收藏单位的文物信息数据在国家各级文物行政主管部门备案，成为国家文物资源的一部分。其文物藏品管理、专职收藏机构按收藏单位正常工作程序进行收藏保管和日常养护；非专职收藏机构的收藏单位应建立健全管理机制，对可移动文物加强管理，妥善保护，合理利用，以做好文物藏品安全保护工作。按照《博物馆藏品管理办法》的要求，进一步完善文物保管工作制度、改善文物保存环境、规范藏品管理，从而实现了文物藏品管理工作“制度健全、账目清楚、鉴定明确、编目详明、保管妥善、查用方便”的目标。

在普查过程中通过完善制度和规范，为孝感市逐步建立文物登录备案机制，规范文物藏品安全管理，初步实现本行政区域国有可移动文物资源标准化、动态化管理等各项基础工作，起到了积极的推动作用。

3. 明确保护需求

通过普查，掌握了各类文物的保存现状，明确了文物保护对象、范围和重点，为制定文物保护规划，开展文物保护、管理、研究，提供了大量翔实的原始资料；对新发现文物从建立基础档案做起，对原已登记在册的文物通过保存现状、特征的变化，渐渐完善了文物保护管理工作。这些成果的取得为今后文物保护事业的发展指明了方向。今后更应重视文物库房建设，改善文物保护条件和保存环境；提高保护技术，开展文物修复；不断加强文物保护队伍建设，提高文物保护管理人员的素质，增强文物保护工作能力。这些成为下一步文物保护工作的重点和需求。

4. 扩大保护范围

此次普查拓展了文物资源领域，新发现了 17 家非文博系统收藏单位，涉及多个行业。下一步市普查办将组织专业力量，为系统外收藏单位制定切实可行的专业管理方案，培养专业管理人才，派出技术骨干指导收藏单位逐步实现藏品规范化管理，以确保系统外收藏单位的藏品得到有效保护。

九、文物保护工作建议

第一次全国可移动文物普查，是中华人民共和国成立以来首次针对可移动文物开展的普查，是在我国文化遗产领域开展的重大国情国力调查项目，具有重大而深远的历史意义。通过此次普查，我们取得了一定的成绩，也面临着一些问题，透过这些问题我们提出下面一些意见和建议：

（一）加大文物保护力度

各级政府要按照文物保护法的要求，切实做到文物保护专项经费随着财政收入增长而增加，以确保文物保护、修复、征集等工作的需要。要加大文物技防设施建设力度，提高文物保护科技手段，进一步改善执法条件。要妥善处理好经济建设与文物保护之间的关系，严格按照文物保护法律法规的有关规定做好工程建设中的文物保护工作，坚持把文物部门的意见作为工程建设立项、审批的必要条件，切实做好文物保护工作。

（二）继续抓好文物保护法的学习宣传

文物保护法是规范文物管理、做好文物保护工作的重要法律，各级政府及文物主管部门要充分认识宣传、普及文物保护法的重要性。要定期举办学习培训班，聘请文物保护方面的法律专家和教授辅导，重点抓好文物单位、文保人员等的培训，增强做好文物保护工作的责任意识。

（三）提高藏品的利用率

一是合理开发利用文物。文物是不可再生资源，必须坚持规划先行，合理开发利用，改善现有文化遗址的周边生态环境，使历史遗迹的展示、复原与优美的环境相辉映。二是要继续推进博物馆免费开放。要坚持“三贴近”原则，更新服务理念，充实服务内容，强化服务功能，扩大服务层面，使博物馆成为孝感市的窗口和名片。要充分发挥文物资源的教育功能，依托博物馆和孝感市丰富的历史文化资源，对广大青少年开展爱国主义和革命传统教育。

（四）进一步加大文物保护执法力度

孝感市政府和文物执法部门应认真履行职责，健全管理制度，坚持依法行政，加强文物保护的日常监管。要认真研究当前文物保护方面出现的新情况和新问题，切实落实文物安全保护责任制，在确保馆藏文物安全的基础上，把野外文物安全提到重要地位并予以重视；进一步动员社会力量，协调有关职能部门共同加强文物保护的执法力度，严厉打击盗掘、盗窃、倒卖文物等违法犯罪活动。

（五）要切实加强文物保护队伍建设

建设高素质的文保队伍是搞好文物保护工作的关键。各级政府要高度重视文物保护执法队伍建设，按照文物保护法律法规的要求，尽快完善文物执法机构，配齐配强执法人员；提高基层文保人员的待遇，充分发挥群众文保员的作用，确保文物保护网络完善健全、正常运转；加强文物专业研究人员的培养，充实年轻力量到文保队伍，确保文保事业的健康发展。要加强执法队伍管理，搞好业务技能培训，不断提高执法人员的业务水平。

孝感市可移动文物精品图录

一、新石器时代

1.　石璜

新石器时代

孝感市博物馆藏

2.　石环

新石器时代

孝感市博物馆藏

3. 石钺

新石器时代

应城市博物馆藏

4. 石铲

新石器时代

汉川市博物馆藏

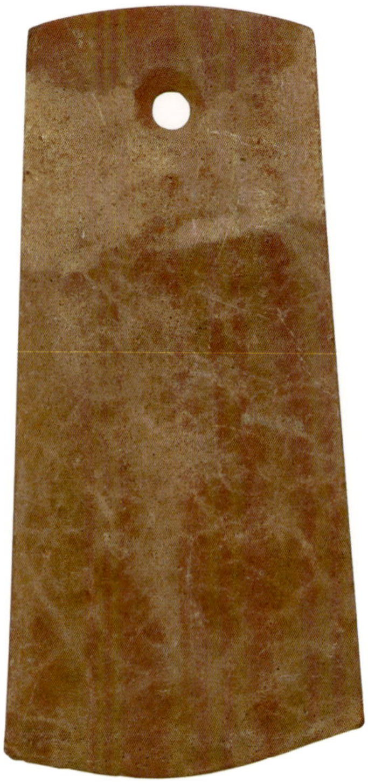

5. **石铲**

新石器时代

安陆市博物馆藏

6. **石铲**

新石器时代

汉川市博物馆藏

7. **石铲**

新石器时代

汉川市博物馆藏

8. **石斧**

新石器时代

汉川市博物馆藏

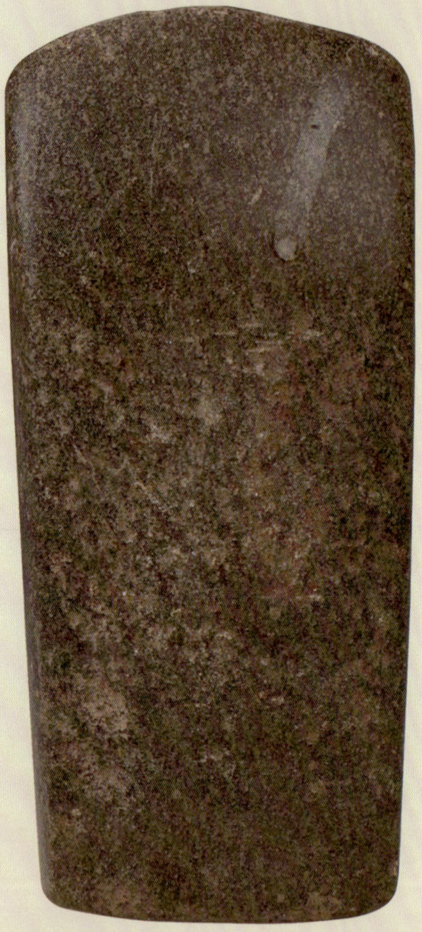

二、商

9.　石璋

商

孝感市博物馆藏

10.　玉戈

商

孝感市博物馆藏

11.　青铜提梁鸮卣

商

孝感市博物馆藏

12. 青铜瓿

商

安陆市博物馆藏

13. **青铜斝**

商

孝感市博物馆藏

14. 青铜爵

商

应城市博物馆藏

15. 青铜爵

商

孝感市博物馆藏

16. 青铜爵

商

孝感市博物馆藏

17. 青铜觚

商

孝感市博物馆藏

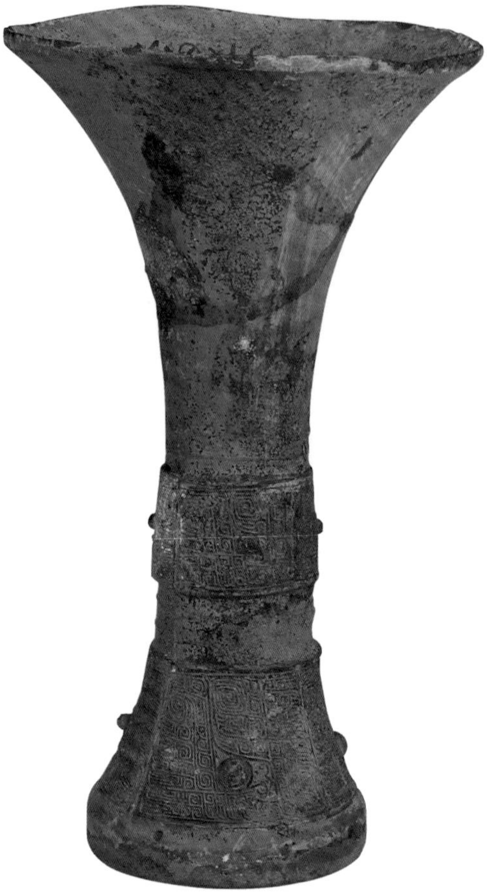

18. 青铜觚

商

孝感市博物馆藏

19. 青铜斫

商

孝感市博物馆藏

20. 青铜戈

商

孝感市博物馆藏

21. 青铜戈

商

孝感市博物馆藏

三、西周

22. 陶甗

西周

云梦县博物馆藏

23. 青铜鬲

西周

应城市博物馆藏

24.　青铜鼎

西周

应城市博物馆藏

25. 青铜鼎

西周

安陆市博物馆藏

26. 青铜鼎

西周

安陆市博物馆藏

27.　青铜壶

西周

应城市博物馆藏

28.　青铜豆

西周

应城市博物馆藏

29.　青铜觚

西周

安陆市博物馆藏

30. 青铜编钟

西周晚期

现藏湖北省博物馆藏

四、东周

31. 玉玦

春秋

孝感市博物馆藏

32. 兽面纹铜鼎

春秋

安陆市博物馆藏

33. 青铜鼎

春秋

孝感市博物馆藏

34. 青铜簋

春秋

汉川市博物馆藏

35. 青铜簠

春秋

孝感市博物馆藏

36. 青铜盉

春秋

汉川市博物馆藏

37. **青铜车軎**

春秋

孝感市博物馆藏

38. **青铜马衔**

春秋

孝感市博物馆藏

39. **青铜剑**

春秋

孝感市博物馆藏

40. 青铜剑

春秋

安陆市博物馆藏

41. 青铜戈

春秋

应城市博物馆藏

42.　玉玦

战国

孝感市博物馆藏

43.　玉瑗

战国

孝感市博物馆藏

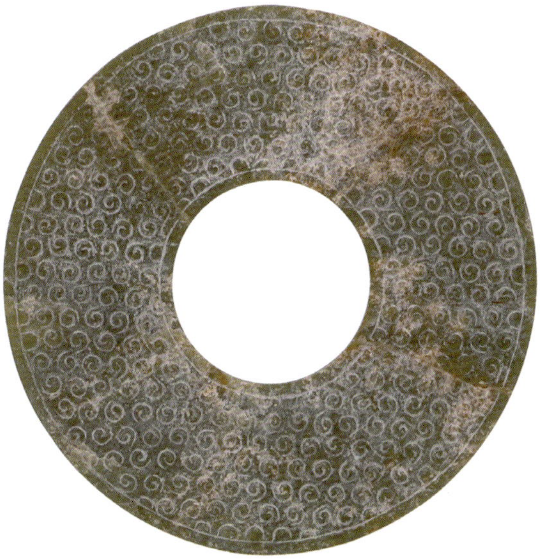

44.　玉璧

战国

孝南区博物馆藏

45.　陶罐

战国

云梦县博物馆藏

46. 陶罐

战国

应城市博物馆藏

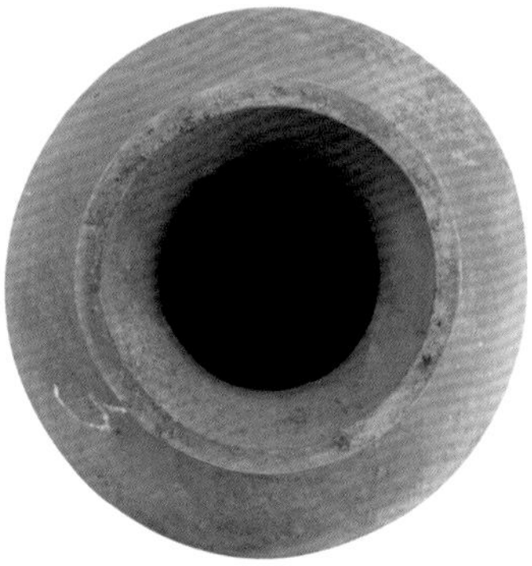

47. 环底陶罐

战国

云梦县博物馆藏

48. 陶瓮

战国

云梦县博物馆藏

49. 陶釜

战国

云梦县博物馆藏

50. 陶豆

战国

云梦县博物馆藏

51.　陶豆

战国

云梦县博物馆藏

52. 陶鬲

战国

云梦县博物馆藏

53. 陶壶

战国

云梦县博物馆藏

54. 陶壶

战国

云梦县博物馆藏

55. 彩绘陶盒

战国

孝感市博物馆藏

56. 彩绘陶鼎

战国

应城市博物馆藏

57. 彩绘陶鼎

战国

云梦县博物馆藏

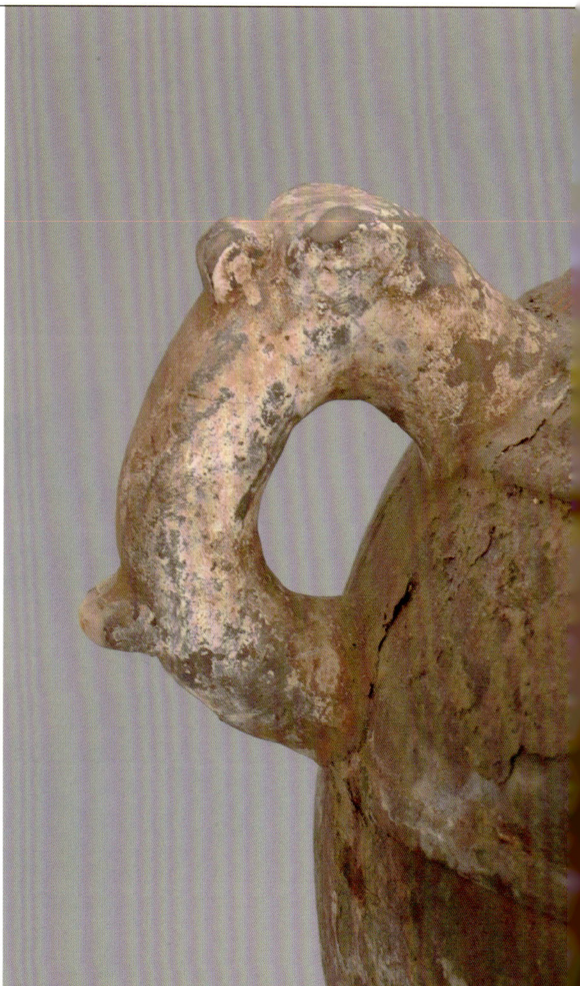

58. 彩陶罍

战国

云梦县博物馆藏

59. 彩绘陶罐

战国

云梦县博物馆藏

60. 彩绘陶豆

战国

应城市博物馆藏

61. 彩绘陶盖豆

战国

孝感市博物馆藏

62. 彩绘陶盖豆

战国

云梦县博物馆藏

63.　彩绘陶壶

战国

孝感市博物馆藏

64.　彩绘陶壶

战国

云梦县博物馆藏

65. 彩绘陶壶

战国

云梦县博物馆藏

66. 彩绘陶壶

战国

应城市博物馆藏

67. 彩绘带盖陶钫

战国

孝感市博物馆藏

68. 彩绘带盖陶钫

战国

云梦县博物馆藏

69. **彩绘陶钫**

战国

孝感市博物馆藏

70. 彩绘高足陶壶

战国

云梦县博物馆藏

71. 料珠

战国

云梦县博物馆藏

72. 青铜鼎

战国

安陆市博物馆藏

73.　青铜鼎

战国

云梦县博物馆藏

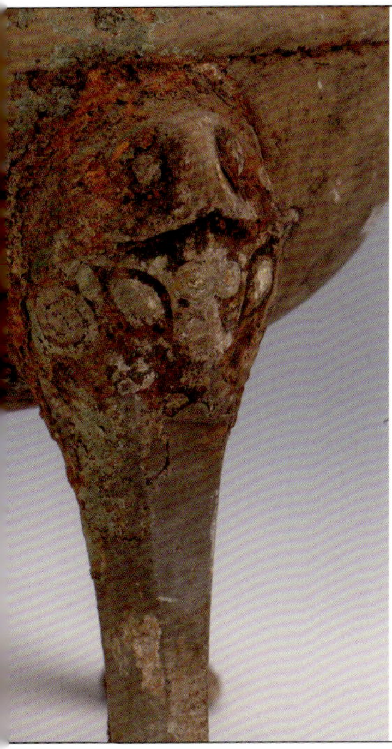

74. 青铜盖鼎

战国

孝南区博物馆藏

75. 青铜敦

战国

云梦县博物馆藏

76.　青铜簠

战国

安陆市博物馆藏

77.　青铜壶

战国

安陆市博物馆藏

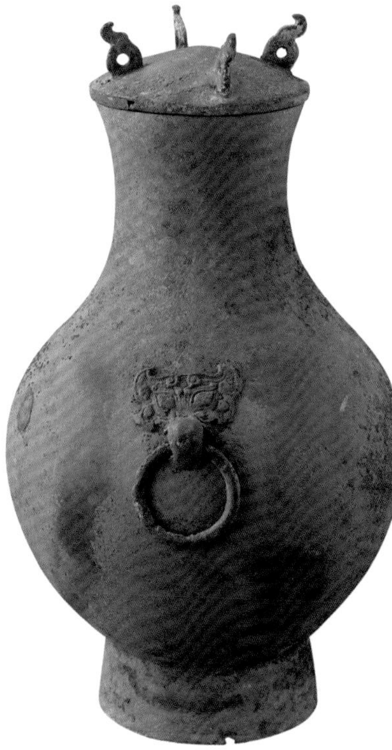

78. 青铜壶

战国

云梦县博物馆藏

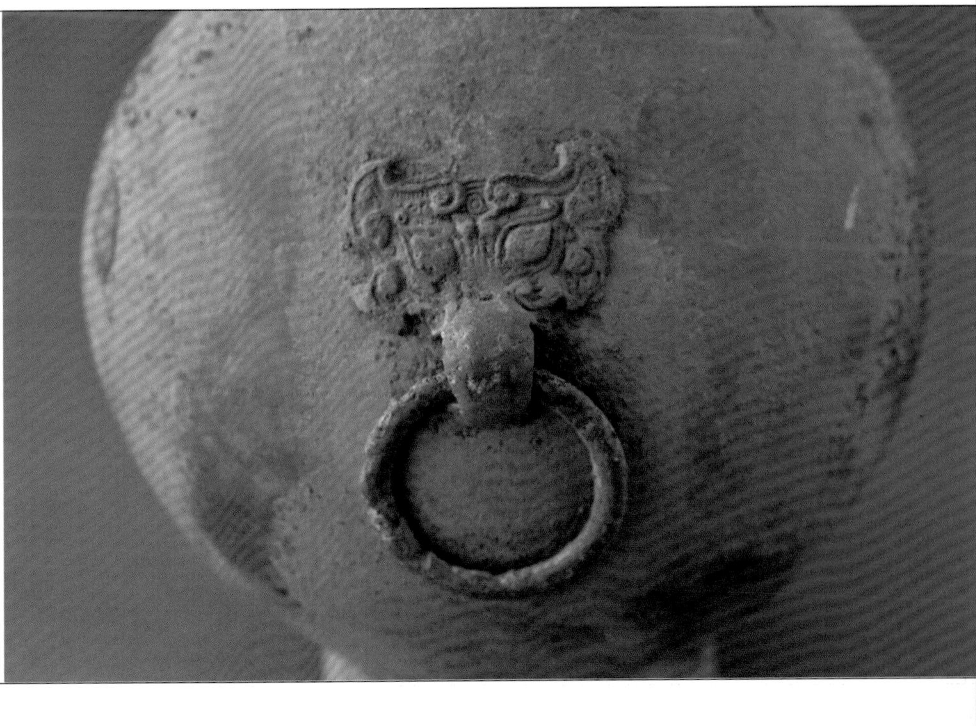

79. 陶盖青铜壶

战国

孝南区博物馆藏

80. **青铜盦**

战国

安陆市博物馆藏

81. 青铜盒

战国

云梦县博物馆藏

82.　青铜车軎

战国

安陆市博物馆藏

83. 青铜匜

战国

孝感市博物馆藏

84. 青铜舟

战国

孝感市博物馆藏

85. 青铜甑

战国

孝感市博物馆藏

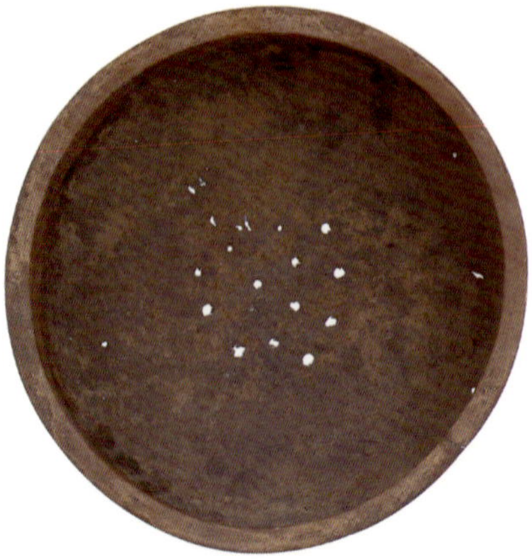

86.　青铜甑

战国

孝感市博物馆藏

87.　青铜勺

战国

孝感市博物馆藏

88. 青铜勺

战国

云梦县博物馆藏

89. 青铜匕

战国

孝感市博物馆藏

90. 青铜匕

战国

云梦县博物馆藏

91.　蟠螭菱纹镜

战国

孝感市博物馆藏

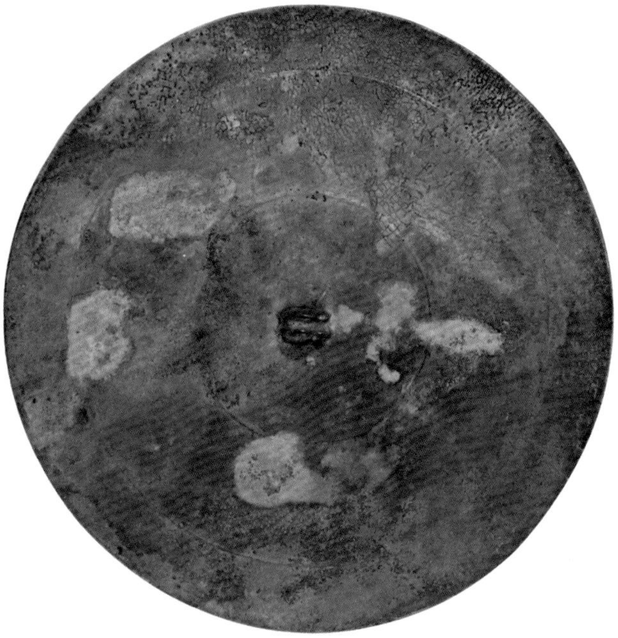

92. 弦纹素镜

战国

孝南区博物馆藏

93. 四山镜

战国

孝南区博物馆藏

94. 蚁鼻钱

战国

孝感市博物馆藏

95. 齐刀币

战国

应城市博物馆藏

96. 青铜戈

战国

孝感市博物馆藏

97. 青铜戈

战国

孝感市博物馆藏

98.　青铜戈

战国

孝感市博物馆藏

99. 青铜剑

战国

孝感市博物馆藏

100. 青铜剑

战国

云梦县博物馆藏

101. 青铜剑

战国

应城市博物馆藏

102. 青铜剑

战国

孝感市博物馆藏

103. 青铜剑

战国

应城市博物馆藏

104. 青铜矛

战国

孝南区博物馆藏

105．青铜镞

战国

云梦县博物馆藏

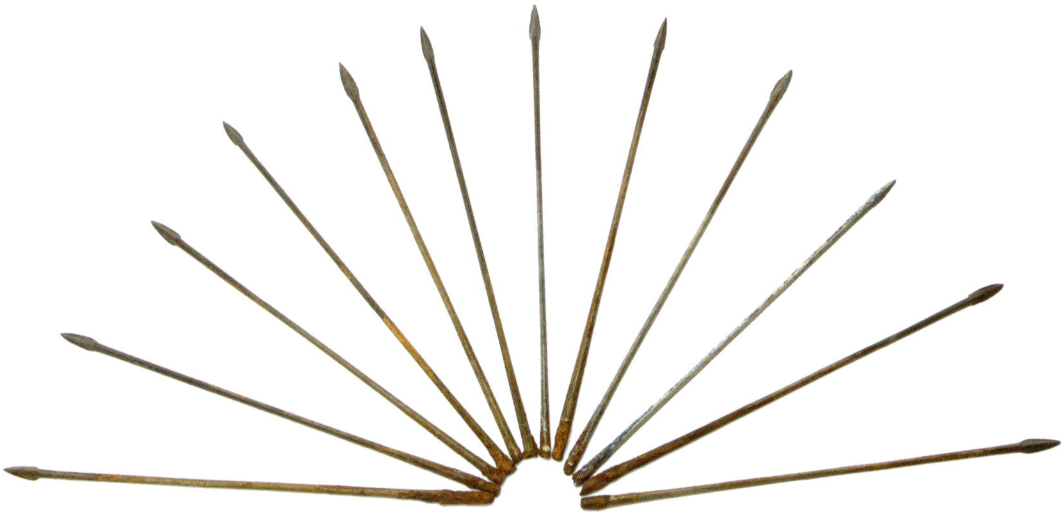

106. 青铜镞

东周

孝昌县博物馆藏

107. 青铜镞

东周

孝昌县博物馆藏

108. 玉柄青铜削刀

战国

应城市博物馆藏

109. 兽形铜带钩

战国

安陆市博物馆藏

110. 玉璧

东周

孝昌县博物馆藏

111. 玉璧

东周

孝昌县博物馆藏

112. 青铜铃

东周

孝昌县博物馆藏

113. 青铜砝码

东周

孝昌县博物馆藏

114. 青铜印章

东周

孝昌县博物馆藏

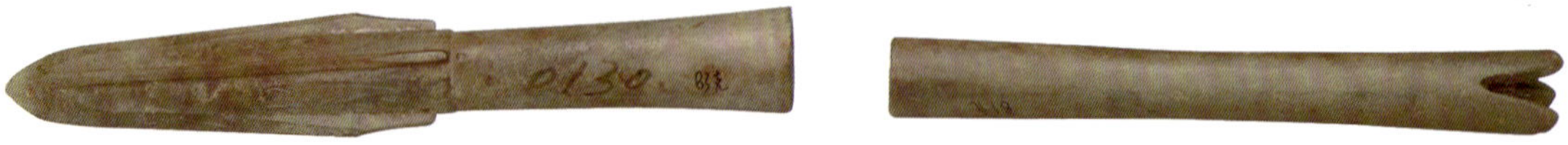

115. 青铜矛、镈

东周

孝昌县博物馆藏

116. **青铜镈**

东周

孝昌县博物馆藏

117. 青铜剑

东周

应城市博物馆藏

五、秦

118. 陶量

秦昭王五十一年

孝感市博物馆藏

119. 戳印“安陆市亭”灰陶小口瓮

秦

云梦县博物馆藏

120. 戳印“安陆市亭”灰陶小口瓮

秦

云梦县博物馆藏

121. 戳印"市亭"灰陶罐

秦

云梦县博物馆藏

122. 戳印陶罐

秦

云梦县博物馆藏

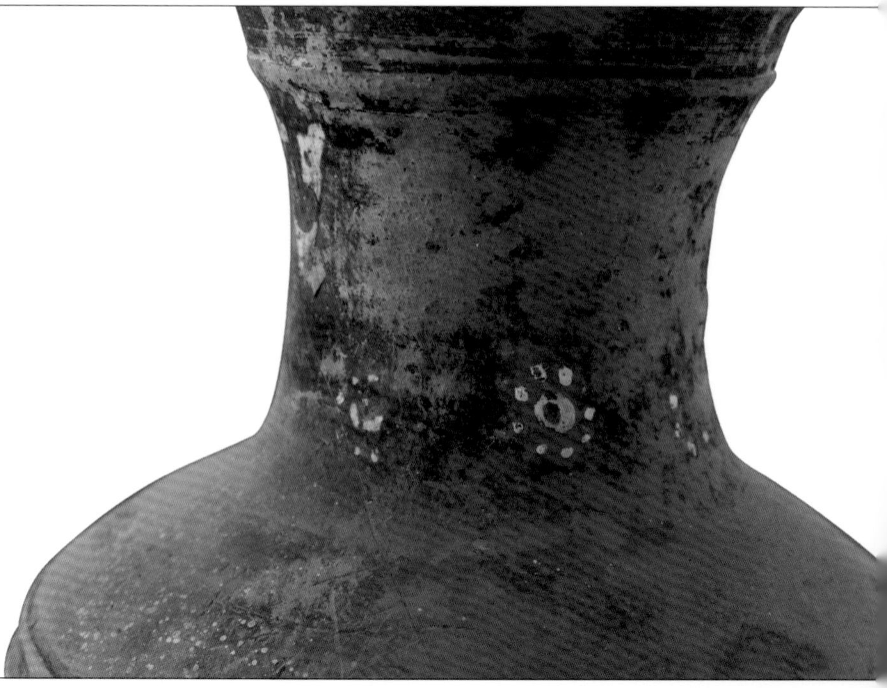

123. 彩绘陶壶

秦

云梦县博物馆藏

124. 彩绘陶盉

秦

云梦县博物馆藏

125. 陶壶

秦

云梦县博物馆藏

126. 茧形陶壶

秦

孝感市博物馆

127. 蒜头陶壶

秦

孝感市博物馆藏

128. 陶鍪

秦

云梦县博物馆藏

129. 陶盂

秦

云梦县博物馆藏

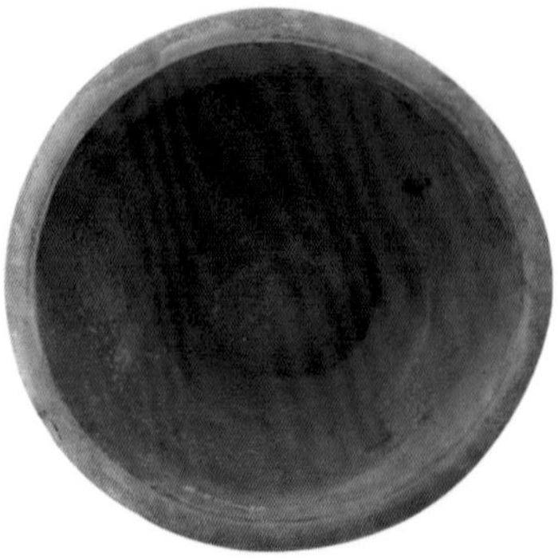

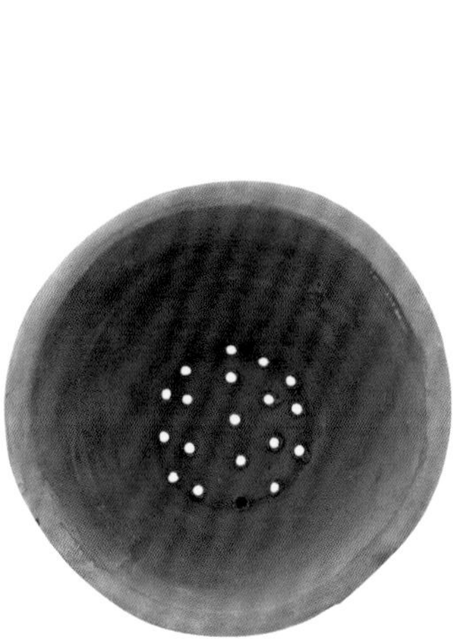

130. 陶甑

秦

云梦县博物馆藏

131. 铜鼎

秦

云梦县博物馆藏

132. 铜鼎

秦

云梦县博物馆藏

133. 铜鼎

秦

云梦县博物馆藏

134. 青铜盖鼎

秦

孝南区博物馆藏

135. 青铜鼎

秦

孝南区博物馆藏

136. 青铜鼎

秦

孝感市博物馆藏

137. 青铜鍪

秦

云梦县博物馆藏

138. **青铜鍪**

秦

孝感市博物馆藏

139. 青铜壶

秦

云梦县博物馆藏

140. 青铜蒜头扁形壶

秦

孝南区博物馆

141. 青铜钫

秦

孝感市博物馆藏

142. 青铜钫

秦

云梦县博物馆藏

143. 青铜蒜头壶

秦

孝感市博物馆藏

144. 青铜蒜头壶

秦

云梦县博物馆藏

145. 青铜蒜头壶

秦

孝感市博物馆藏

146. 青铜蒜头壶

秦

云梦县博物馆藏

147. 青铜匜

秦

孝感市博物馆藏

148. 青铜勺

秦

云梦县博物馆藏

149. 青铜带钩

秦

孝感市博物馆藏

150. 蟠螭菱纹镜

秦

云梦县博物馆藏

151. 斗兽镜

秦

现藏国家博物馆

152. 铁釜

秦

云梦县博物馆藏

153. 铁鍪

秦

云梦县博物馆藏

154. 彩绘漆耳杯

秦

云梦县博物馆藏

155. 彩绘漆圆盒

秦

云梦县博物馆藏

156. 彩绘漆木圆盒

秦

孝感市博物馆藏

157. 漆木凤形勺

秦

现藏湖北省博物馆

158. 研墨砚石（左为砚盘，右为砚墨石）

秦

孝感市博物馆藏

159. 石砚

秦

孝南区博物馆藏

160. 骨环

秦

云梦县博物馆藏

161. 青铜剑

秦

云梦县博物馆藏

162. 桃核

秦

云梦县博物馆藏

163. 枣核

秦

云梦县博物馆藏

六、汉

164. 玉剑佩饰

汉

孝南区博物馆藏

165. 玉璧

汉

孝南区博物馆藏

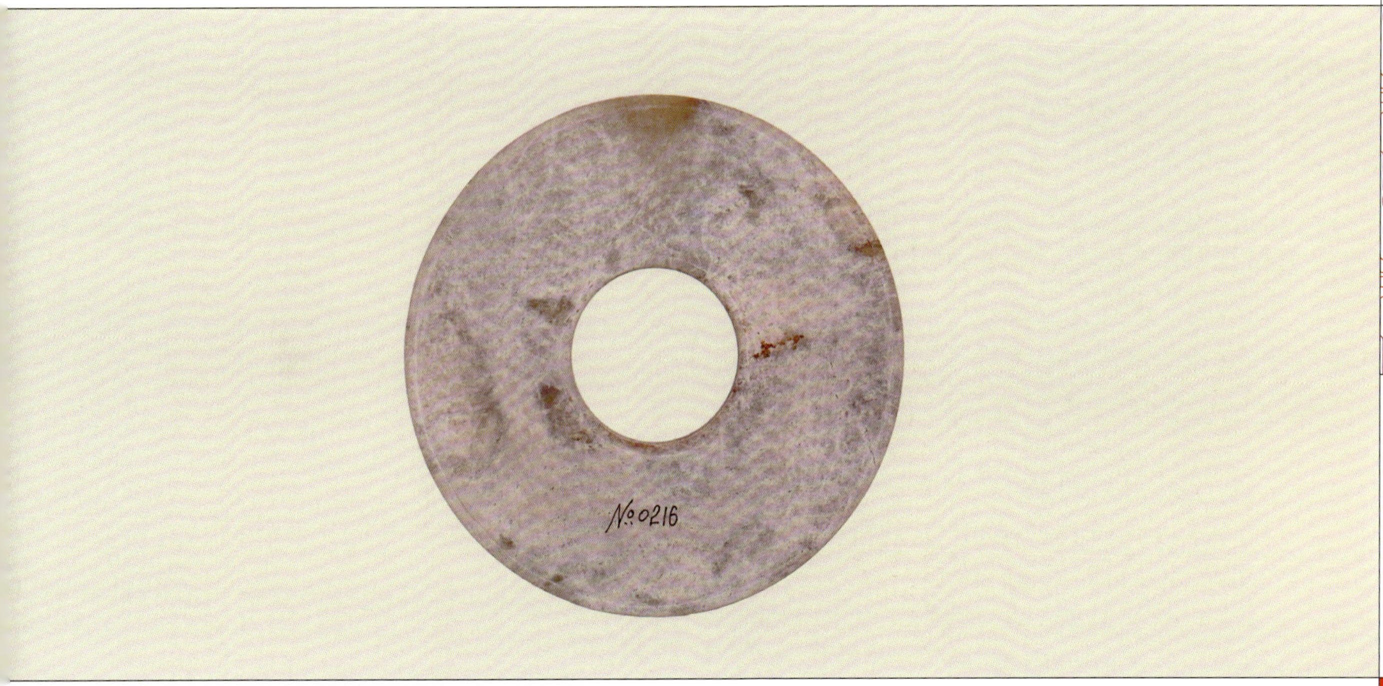

166. 玉璧

汉

云梦县博物馆藏

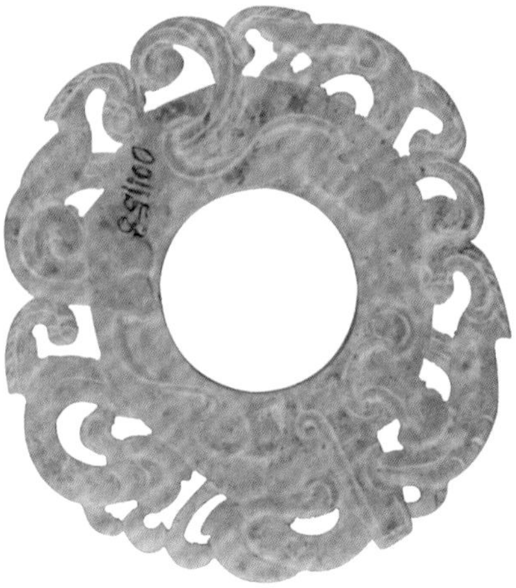

167. 出廓螭纹玉璧

汉

云梦县博物馆藏

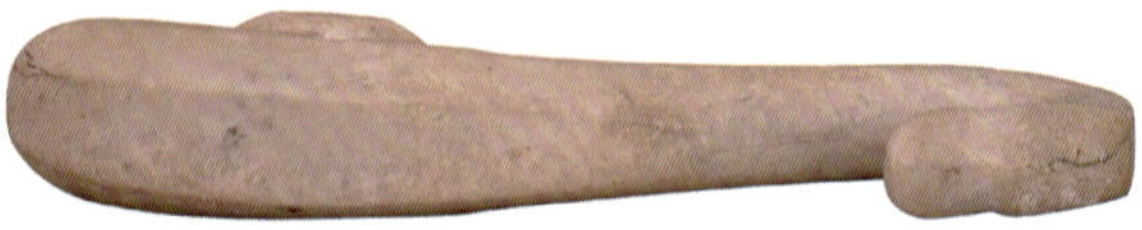

168. 鹅首白玉带钩

汉

云梦县博物馆藏

169. 凡石璲

汉

汉川市博物馆藏

170. 陶壶

汉

汉川市博物馆藏

171. 陶罐

汉

云梦县博物馆藏

172. 网格纹陶罐

汉

云梦县博物馆藏

173. 网格纹黄釉陶罐

汉

汉川市博物馆藏

174. 白陶盆

汉

孝昌县博物馆藏

175. 弦纹陶壶

汉

云梦县博物馆藏

176. 灰陶豆

汉

应城市博物馆藏

177. 青瓷弦纹罐

汉

云梦县博物馆藏

178. 陶勺

汉

云梦县博物馆藏

179. 陶灶

汉

云梦县博物馆藏

180. 陶灶

汉

云梦县博物馆藏

181. 陶磨

汉

云梦县博物馆藏

182. 陶磨

汉

安陆市博物馆藏

183. 陶井

汉

云梦县博物馆藏

184. 陶井

汉

云梦县博物馆藏

185. 陶鸭

汉

云梦县博物馆藏

186. 陶楼

汉

安陆市博物馆藏

187. 陶楼

汉

云梦县博物馆藏

188. 青铜壶

汉

孝感市博物馆藏

189. 青铜壶

汉

孝感市博物馆藏

190. 素面青铜壶

汉

安陆市博物馆藏

191. 青铜扁壶

汉

云梦县博物馆藏

192. 青铜钫

汉

云梦县博物馆藏

193. 青铜鐎壶

汉

云梦县博物馆藏

194. 青铜鐎斗

汉

孝感市博物馆藏

195. 带盖青铜鼎

汉

云梦县博物馆藏

196. 青铜鼎

汉

云梦县博物馆藏

197. 青铜鼎

汉

云梦县博物馆藏

198. 青铜鍪

汉

孝南区博物馆藏

199. “青月”铭文青铜蒜头壶

汉

孝南区博物馆藏

200. 青铜铫

汉

孝感市博物馆藏

201. 青铜鉴

汉

孝感市博物馆藏

202. 青铜舟

汉

孝感市博物馆藏

203. 青铜带钩

汉

云梦县博物馆藏

204. 青铜带钩

汉

应城市博物馆藏

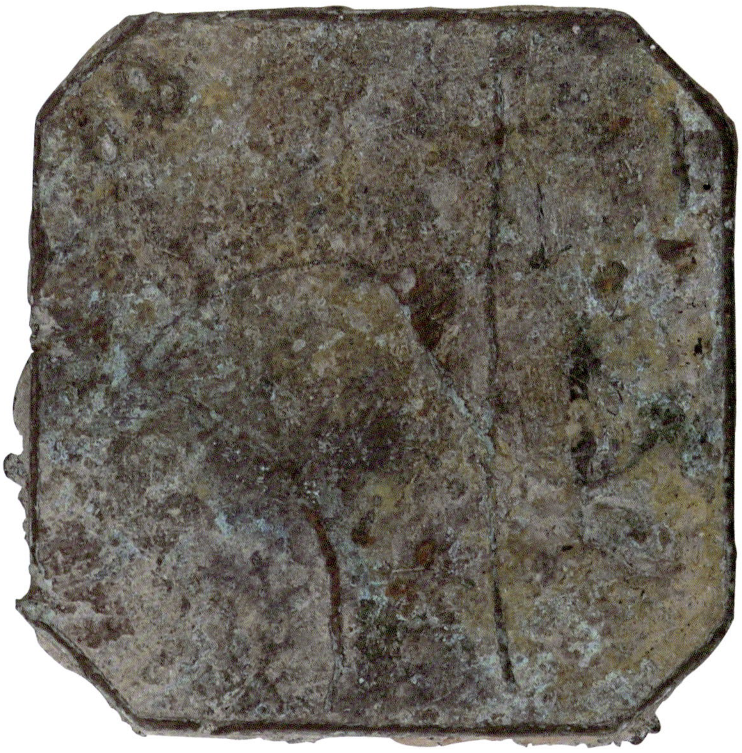

205. “大泉五十”青铜钱范

汉

云梦县博物馆藏

206. 腺自作七乳禽兽镜

汉

孝感市博物馆藏

207. 尚方七乳禽兽镜

汉

孝感市博物馆藏

208. 尚方博局镜

汉

汉川市博物馆藏

209. 三角纹带夔凤镜

汉

孝感市博物馆藏

210. 蝙蝠形四柿蒂纹镜

汉

孝感市博物馆藏

211. 四乳四虺镜

汉

云梦县博物馆藏

212. 神人龙虎画像镜

汉

孝感市博物馆藏

213. 张氏六乳禽兽镜

汉

孝南区博物馆藏

214. “位至三公”双凤镜

汉

汉川市博物馆藏

215. □□子□八连弧凹面宽带镜

汉

汉川市博物馆藏

216. 青铜印章

汉

孝感市博物馆藏

217. 青铜印章

汉

孝感市博物馆藏

218. 青铜印章

汉

孝感市博物馆藏

219. 青铜弩机

汉

孝南区博物馆藏

220. 青铜弩机

汉

孝感市博物馆藏

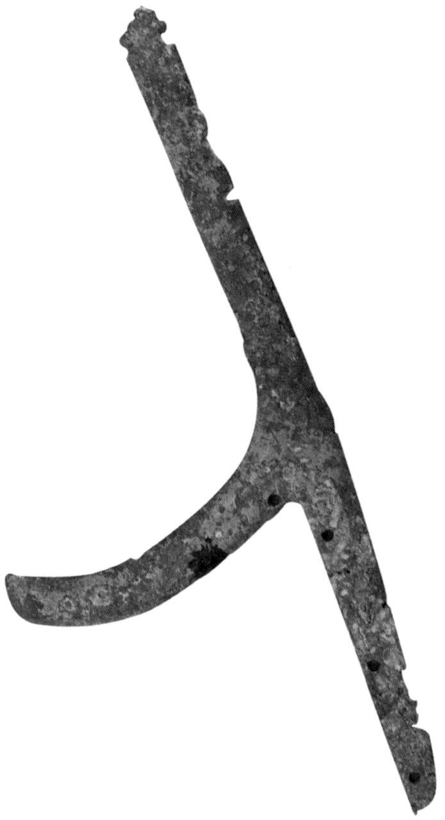

221. 青铜戟

汉

云梦县博物馆藏

222. 青铜刀

汉

云梦县博物馆藏

七、魏晋南北朝

223. 滑石镇纸

南朝

应城市博物馆藏

224. 四系盘口釉陶罐

东晋

孝感市博物馆藏

225. 双耳青瓷罐

东晋

孝感市博物馆藏

226. 四系盘口青瓷壶

南北朝

孝感市博物馆藏

227. 青瓷蹄足托盏

南北朝

应城市博物馆藏

228. 青瓷莲花托碗

南北朝

应城市博物馆藏

229. 青瓷竹节莲花纹壶

南朝

应城市博物馆藏

230. 高足瓷杯

南北朝

孝南区博物馆藏

231. 黄釉陶碗

南北朝

汉川市博物馆藏

232. 青瓷盒

南北朝

云梦县博物馆藏

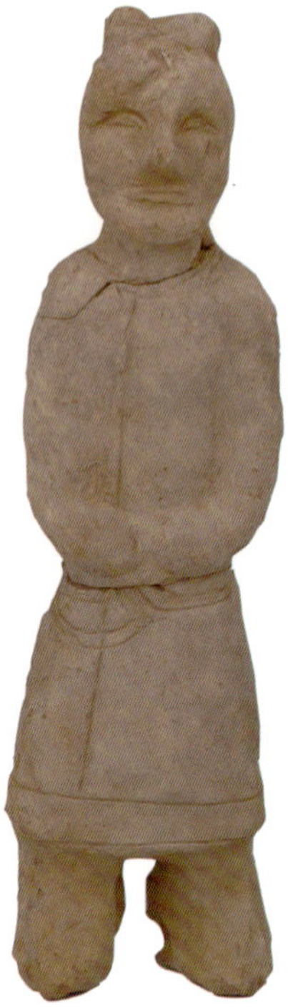

233. 陶俑

南北朝

安陆市博物馆藏

234. 陶牛

南北朝

安陆市博物馆藏

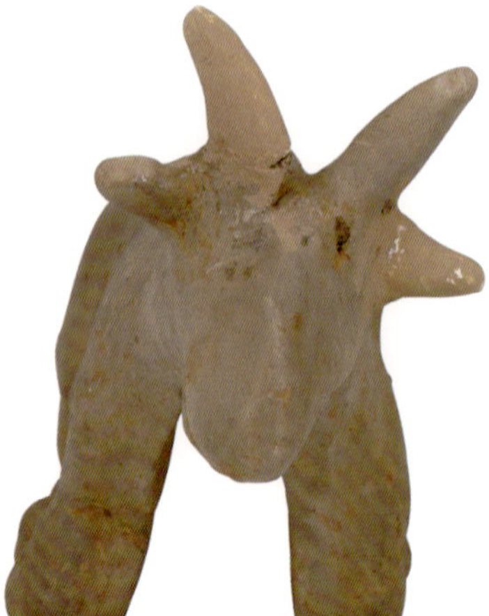

235. 陶羊

南北朝

安陆市博物馆藏

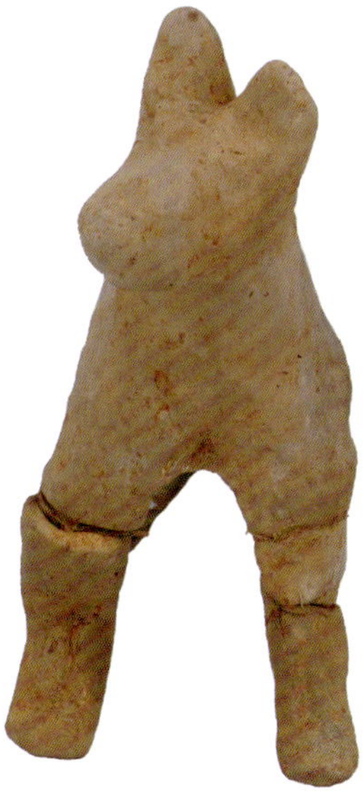

236. **陶狗**

南北朝

安陆市博物馆藏

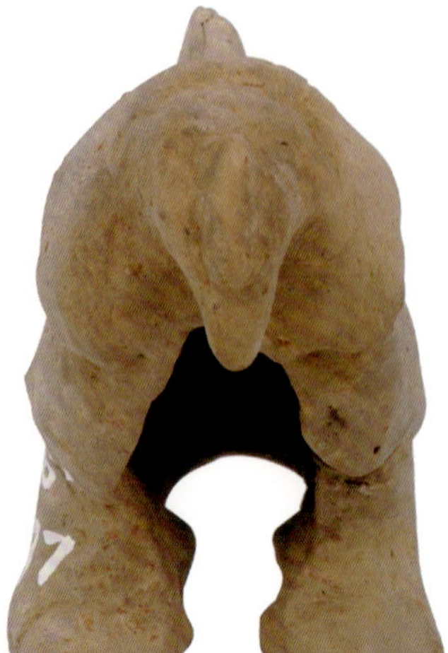

237. 陶鸡

南北朝

安陆市博物馆藏

238. 青瓷狮形器

西晋

应城市博物馆藏

239. 青铜托碗

南北朝

应城市博物馆藏

240. 铜弩机

西晋

汉川市博物馆藏

20009

八、隋唐

241. 铜佛像

隋

孝感市博物馆藏

242. 鎏金铜佛像

隋

孝感市博物馆藏

243. 玉组佩

唐

安陆市博物馆藏

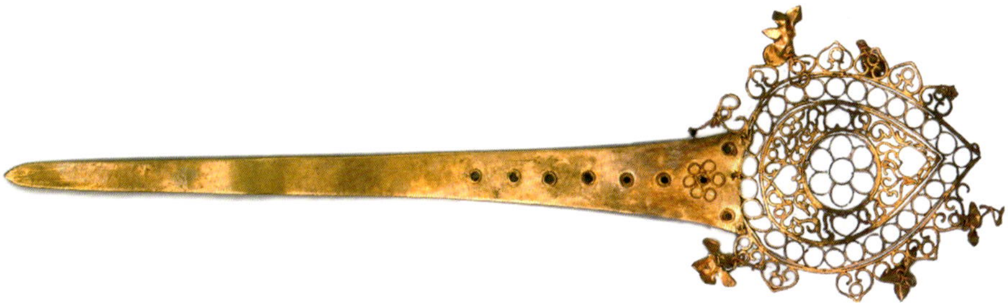

244. 金簪

唐

孝感市博物馆藏

245. 金簪

唐

安陆市博物馆藏

246. 金发卡

唐

孝感市博物馆藏

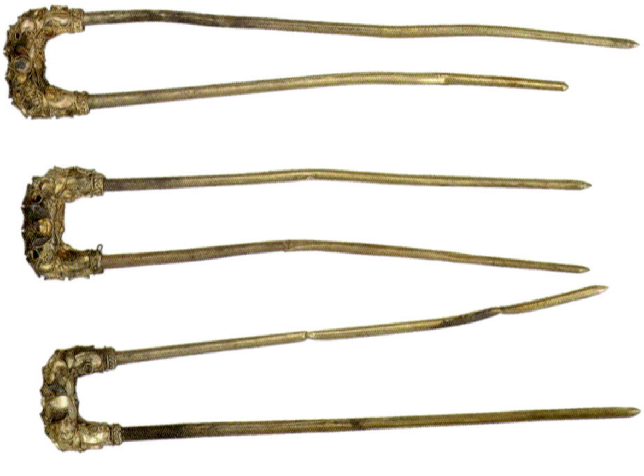

247. 金发卡

唐

安陆市博物馆藏

248. 嵌宝石叶形金钗

唐

孝感市博物馆藏

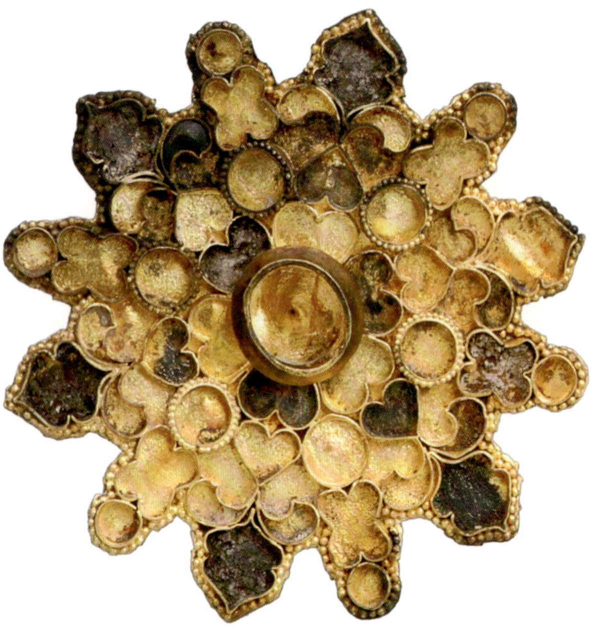

249. 嵌宝石花形金钗

唐

孝感市博物馆藏

250. 嵌宝石花形金钗

唐

安陆市博物馆藏

251. 嵌宝石金头饰

唐

安陆市博物馆藏

252. 金铃

唐

安陆市博物馆藏

253. 金珠串

唐

安陆市博物馆藏

254. 金刀

唐

安陆市博物馆藏

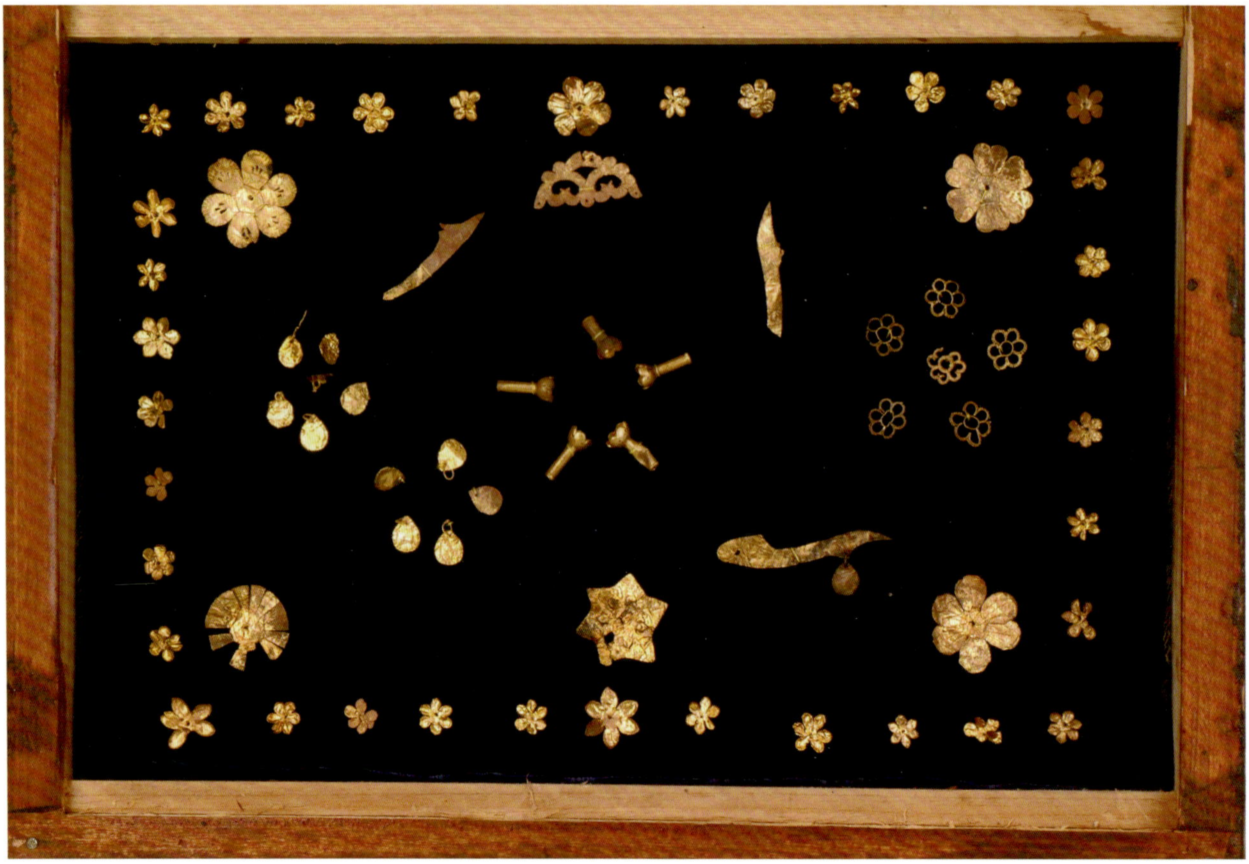

255. 金箔花

唐

安陆市博物馆藏

256. 金鹊饰

唐

安陆市博物馆藏

257. 银剪刀

唐

安陆市博物馆藏

258. 波斯银币

唐

孝感市博物馆藏

259. 波斯银币

唐

安陆市博物馆藏

260. 盘口陶壶

唐

安陆市博物馆藏

261. 四系黄釉盘口陶壶

唐

汉川市博物馆藏

262. 黄釉陶壶

唐

汉川市博物馆藏

263. 唐三彩陶马

唐

孝感市博物馆藏

264. 双耳葡萄纹青铜壶

唐

安陆市博物馆藏

265. 青铜碗

唐

汉川市博物馆藏

266. 八瓣菱花形雀绕花枝镜

唐

孝南区博物馆藏

267. 放射式葵瓣形宝相花镜

唐

孝南区博物馆藏

268. 海兽葡萄纹铜镜

唐

安陆市博物馆藏

269. “真子飞霜”铜镜

唐

汉川市博物馆藏

270. 葵瓣形六花铜镜

唐

安陆市博物馆藏

271. 八曲龙纹铜镜

唐

安陆市博物馆藏

272. 石雕佛像

唐

大悟县博物馆藏

九、宋

273. 弦纹莲花形圆首琉璃笄

宋

孝南区博物馆藏

274. 盘口陶壶

宋

汉川市博物馆藏

275. 酱釉陶执壶

宋

孝感市博物馆藏

276. 酱釉陶执壶

宋

安陆市博物馆藏

277. 酱釉瓷盏

宋

安陆市博物馆藏

278. 绿釉瓷碗

宋

安陆市博物馆藏

279. 釉陶碗

宋

安陆市博物馆藏

280. 釉陶碗

宋

安陆市博物馆藏

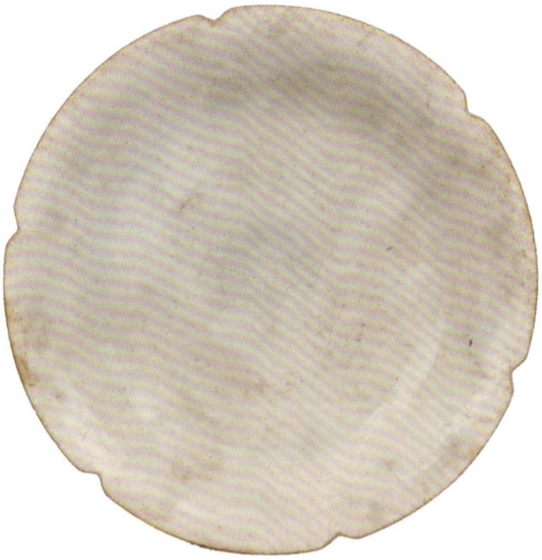

281. 葵口瓷盘

宋

安陆市博物馆藏

282. 黄釉瓷碟

宋

孝感市博物馆藏

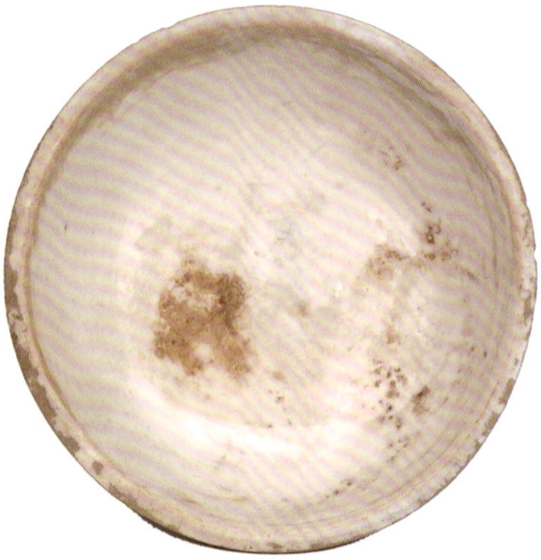

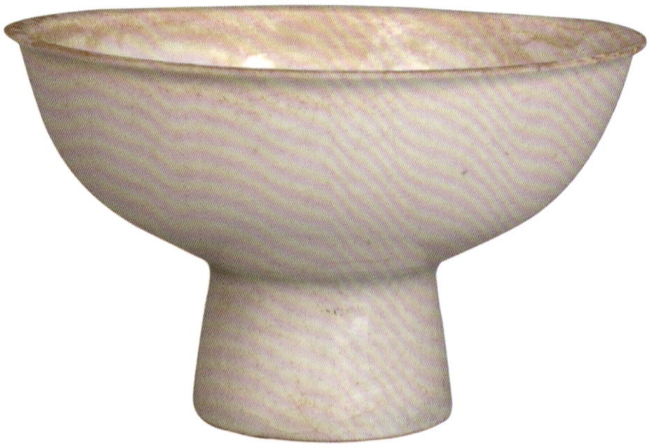

283. 瓷碗

宋

孝感市博物馆藏

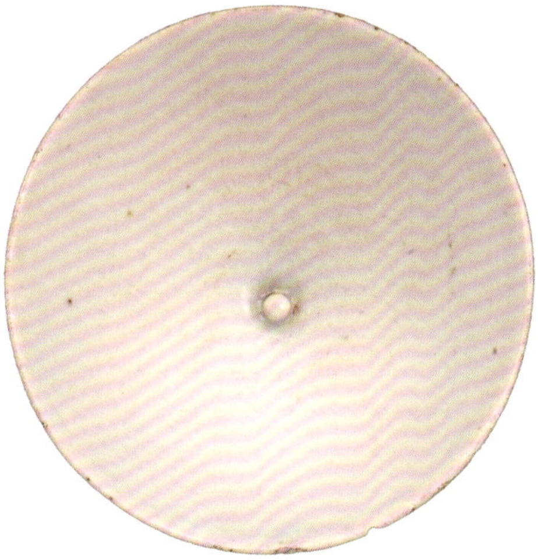

284. 斗笠瓷盏

宋

孝感市博物馆藏

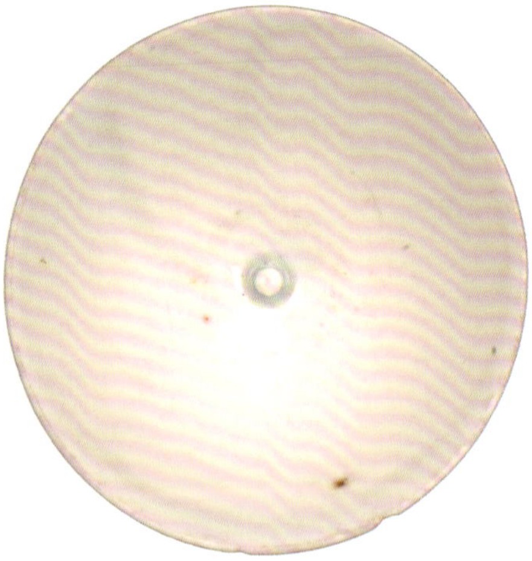

285. 斗笠瓷盏

宋

孝感市博物馆藏

286. 斗笠瓷盏

宋

孝感市博物馆藏

287. 葵瓣口影青瓷盏

宋

孝感市博物馆藏

288. 瓜棱形瓷柱子

宋

云梦县博物馆藏

289. 瓷柱子

宋

云梦县博物馆藏

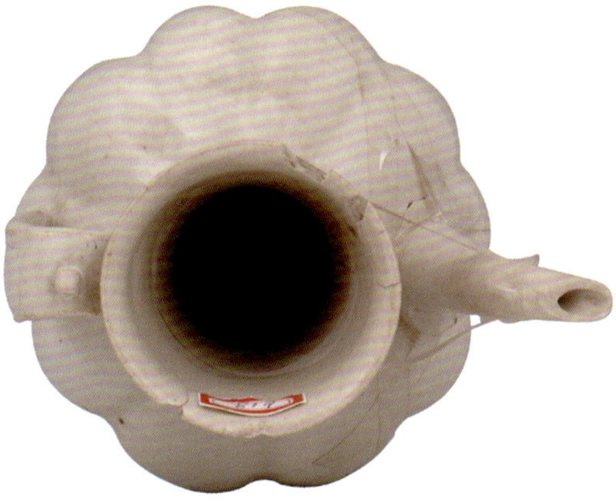

290. 瓜棱白瓷执壶

宋

应城市博物馆藏

291. 开片贴塑瓷水注

宋

大悟县革命博物馆藏

292. 小口瓷瓶

宋

安陆市博物馆藏

293. 四系盘口瓷壶

宋

大悟县革命博物馆藏

294. 杯式瓷炉

宋

孝感市博物馆藏

295. 白瓷皈依瓶

宋

安陆市博物馆藏

296. 柿子形瓷粉盒

宋

孝感市博物馆藏

297. 瓷粉盒

宋

云梦县博物馆藏

298. 瓷粉盒

宋

安陆市博物馆藏

299. 影青带盖瓷粉盒

宋

孝感市博物馆藏

300. 影青带盖瓷粉盒

宋

孝感市博物馆藏

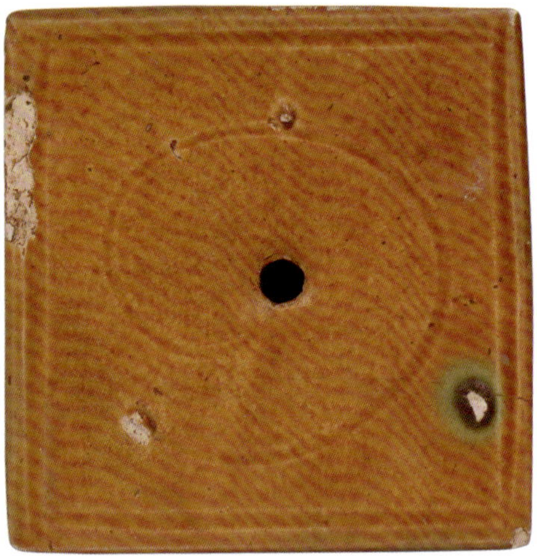

301. 波纹桃花枕

宋

安陆市博物馆藏

302. 镂空百花瓷枕

宋

安陆市博物馆藏

303. 虎头座荷花瓷枕

宋

安陆市博物馆藏

304. 刻“裴家花枕”菊花瓷枕

宋

安陆市博物馆藏

305. 菊花龟背纹镜

宋

汉川市博物馆藏

306. “天下太平”四花铜镜

宋

孝感市博物馆藏

307. 缠枝菊花铜镜

宋

孝感市博物馆藏

308. 四花铜镜

宋

安陆市博物馆藏

309. “湖州真石家念二叔照子”镜

宋

汉川市博物馆藏

310. 亚字形莲花龟背纹镜

宋

安陆市博物馆藏

311. 方形连钱纹镜

宋

安陆市博物馆藏

312. 葵瓣形锡茶托盏

宋

应城市博物馆藏

313. 银烛台

宋

云梦县博物馆藏

314. 葵瓣口银碟

宋

云梦县博物馆藏

315. 葵瓣口银碗

宋

云梦县博物馆藏

316. 银碗

宋

安陆市博物馆藏

317. 鎏金铜佛像

宋

安陆市博物馆藏

318. 铜铃

宋

安陆市博物馆藏

319. 铁卖地契

宋

孝南区博物馆藏

320. 长方形座铁牛

宋

孝南区博物馆藏

321. 瓷砚

宋

云梦县博物馆藏

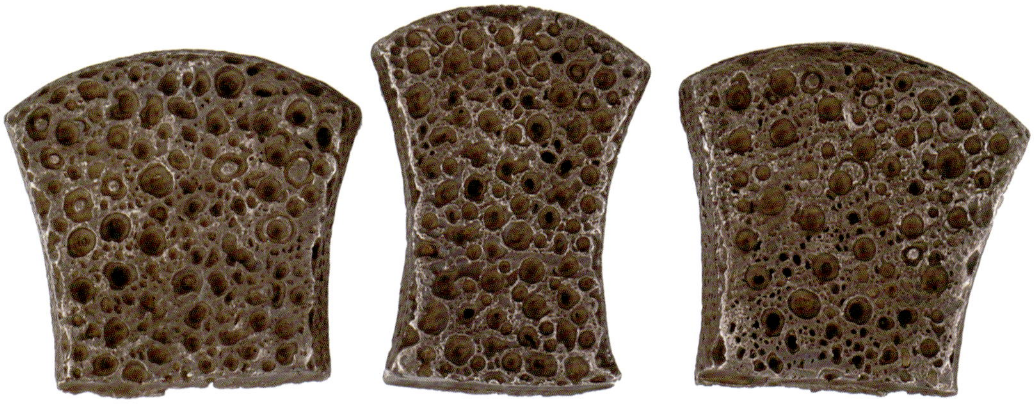

322. 蜂窝银锭

宋

汉川市博物馆藏

十、元

323. 青铜权

元

云梦县博物馆藏

324. 青铜权

元

安陆市博物馆藏

325. 巴斯巴文铜印

元

大悟县革命博物馆藏

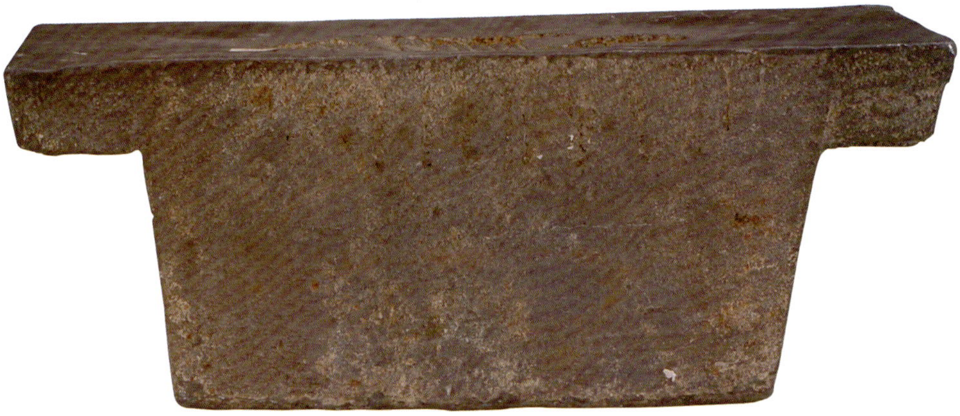

326. 银锭（百斤）

元

汉川市博物馆藏

327. 故杨公宜中之墓志

元

安陆市博物馆藏

十一、明

328. 三足灰陶仓

明

应城市博物馆藏

329. “长命富贵”陶仓

明

云梦县博物馆藏

330. 陶仓

明

大悟县革命博物馆藏

331. 影青高圈足瓷碗

明

安陆市博物馆藏

332. “大明成化年制”款青花瓷杯

明

汉川市博物馆藏

333. 青花白瓷碗

明

安陆市博物馆藏

334. **青花瓷坛**

明

汉川市博物馆藏

335. 鎏金铜麒麟

明

安陆市博物馆藏

336. “洪武二十二年正月日造”云龙镜

明

汉川市博物馆藏

337. 象牙笏板

明

孝感市博物馆藏

十二、清

338. 玉佩

清

孝感市博物馆藏

339. “麻姑献寿”镂雕白玉牌饰

清

孝感市博物馆藏

340. “大清光绪年制”款双龙戏珠青花瓷碗

清

安陆市博物馆藏

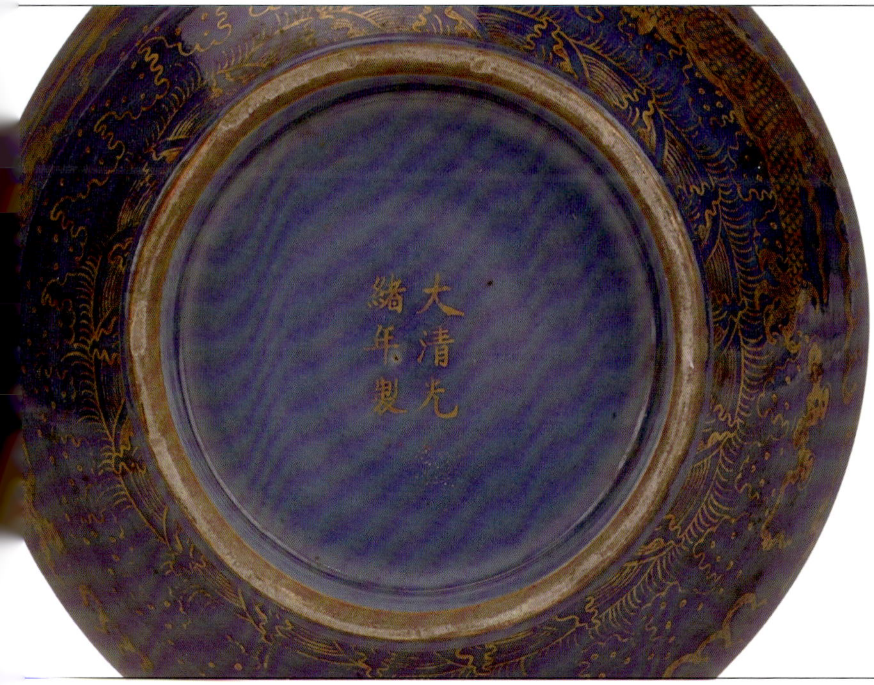

341. “大清光绪年制”款长颈瓷瓶

清

孝感市博物馆藏

342. “乾隆年制”款长颈瓷瓶

清

孝感市博物馆藏

343. 康熙己巳年大悲咒铜钟

清

应城市博物馆藏

344. “光绪十一年”铁钟

清

汉川市博物馆藏

345. 咸丰“官监”铁权

清

汉川市博物馆藏

346. 象牙佛像

清

孝感市博物馆藏

347. 象牙圆形笔筒

清

汉川市博物馆藏

348. 透雕八仙纹玉如意

清

应城市博物馆藏

349. 缎面蟒袍

清

孝感市博物馆藏

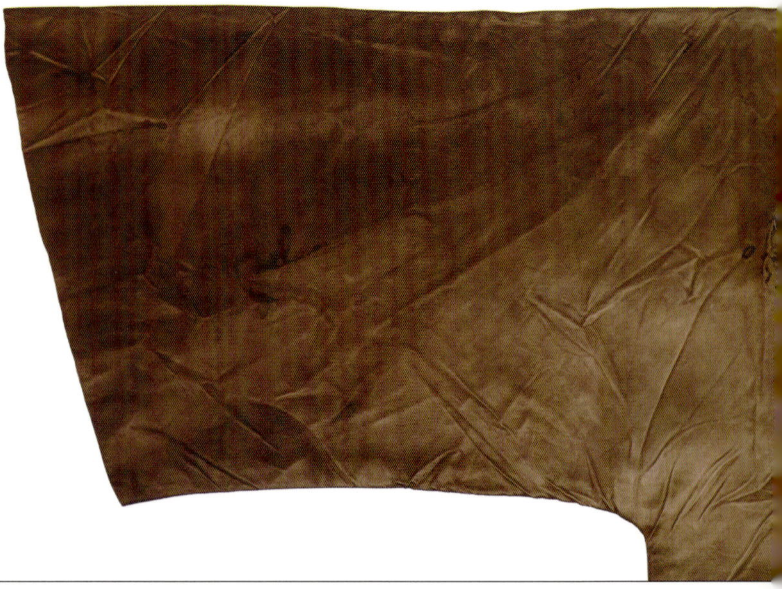

350. 金黄色缎提花麒麟袍

清

孝感市博物馆藏

351. 玉腰带

清

孝感市博物馆藏

352. 土黄色素面缎夹袍

清

孝感市博物馆藏

353. 暗花绸夹褂

清

孝感市博物馆藏

354. 素面丝棉袄

清

孝感市博物馆藏

355. 素面绸单褂

清

孝感市博物馆藏

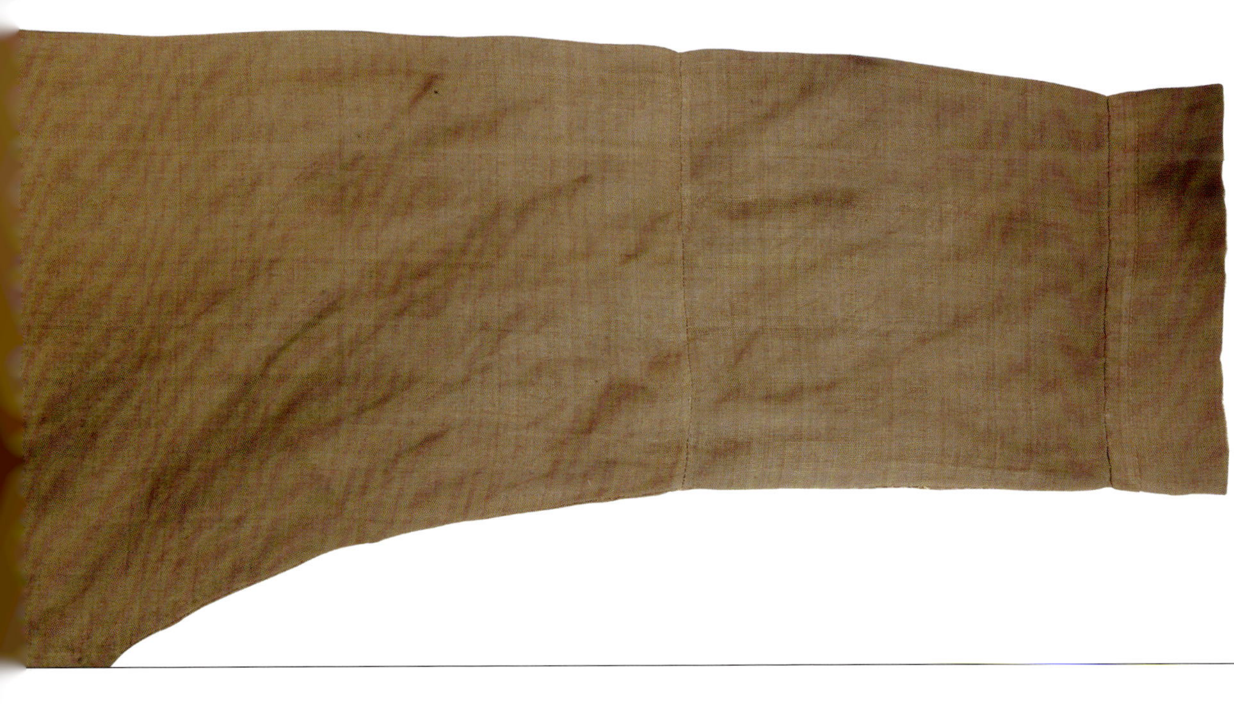

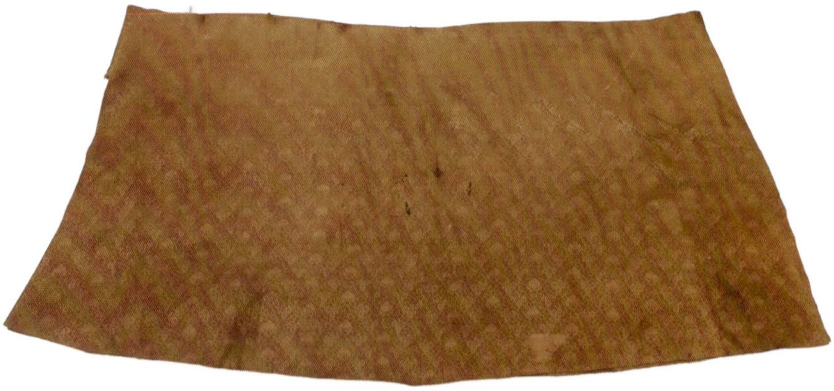

356. 锦缎短裙

清

孝感市博物馆藏

357. 素面缎香囊

清

孝感市博物馆藏

358. 土黄色缎菊花纹夹袦

清

孝感市博物馆藏

359. 土黄色绸百褶裙

清

孝感市博物馆藏

360. 金黄色织锦缎长褂

清

孝感市博物馆藏

361. 酱红色织锦缎长褂

清

孝感市博物馆藏

362. 金黄色绸织锦夹长袖

清

孝感市博物馆藏

363. 褚黄色妆花绸百褶裙

清

孝感市博物馆藏

364. 檀香木佛珠

清

孝感市博物馆藏

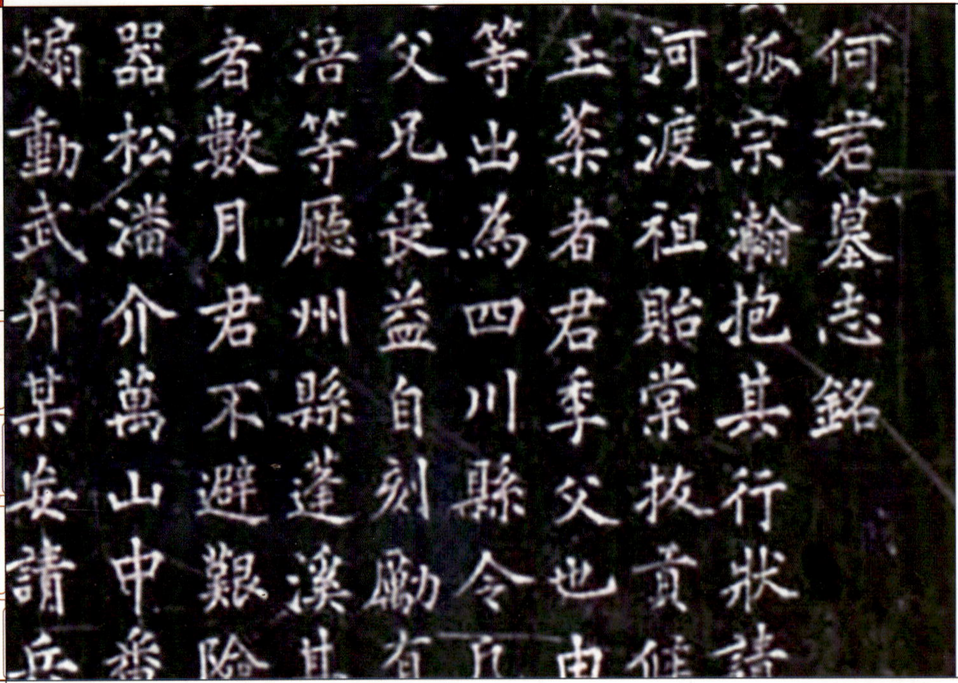

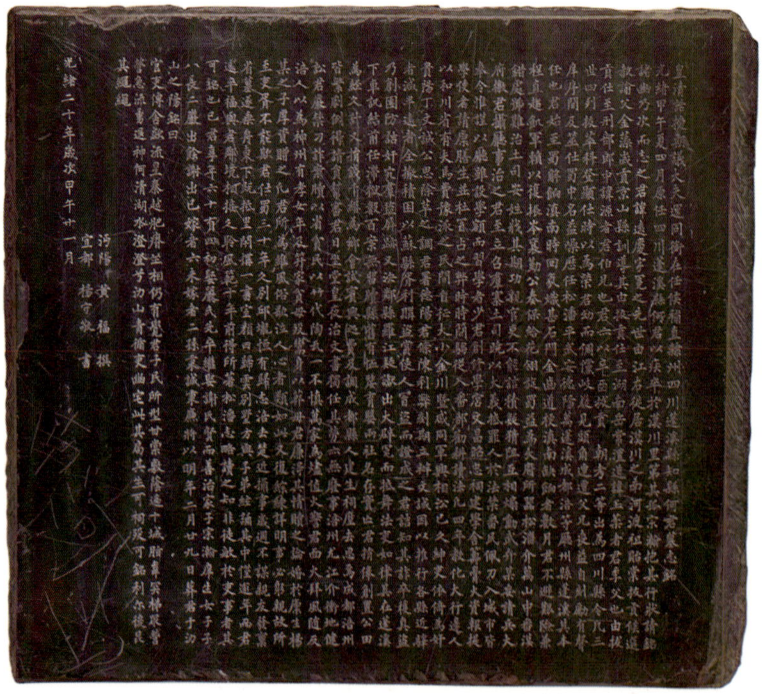

365. 杨守敬书何远庆石墓志

清

汉川市博物馆藏

十三、近现代

366. 石方印

民国

安陆市博物馆藏

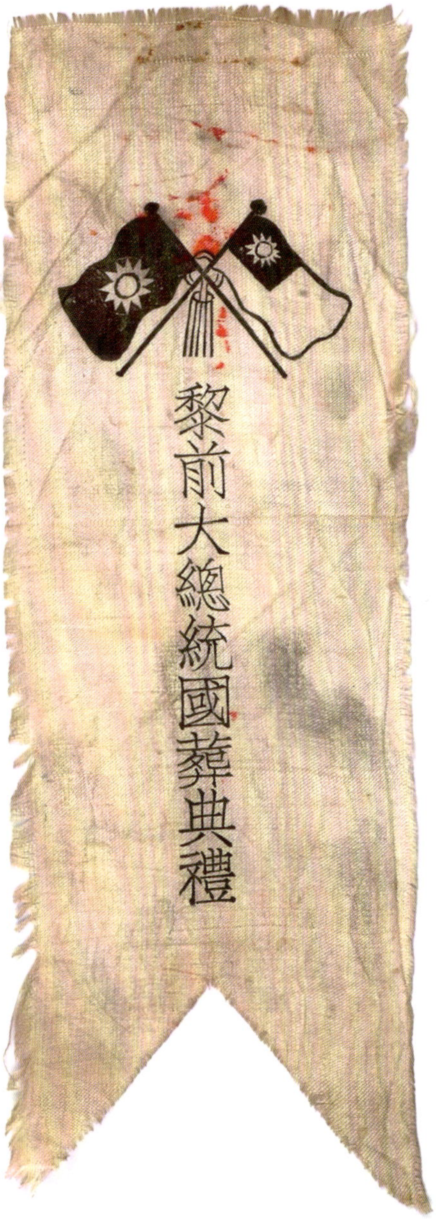

367. 黎元洪国葬出席证

民国

大悟县革命博物馆藏

368. 孙中山先生安葬纪念章

民国

安陆市博物馆藏

369. 1927—1937 红军十周年纪念章

民国

大悟县革命博物馆藏

370. 援湘军第四路总司令部徽章

民国

大悟县革命博物馆藏

371. “八路军新四军中原军区”佩章

民国

大悟县革命博物馆藏

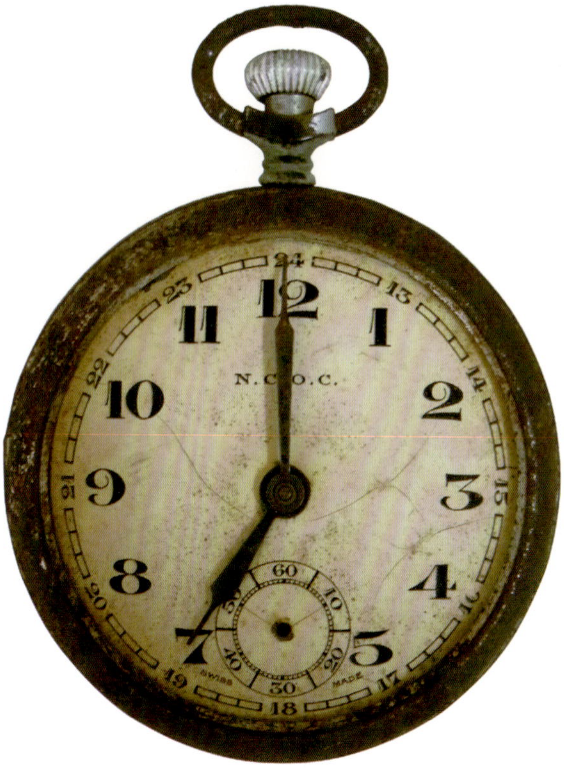

372. 怀表

民国

安陆市博物馆藏

373. 新四军第五师用过的烟标印模

民国

大悟县革命博物馆藏

374. 二区第三乡农民协会木牌

民国

汉川市博物馆藏

375. 鄂豫边区建设银行贰佰元纸币

民国

大悟县革命博物馆藏

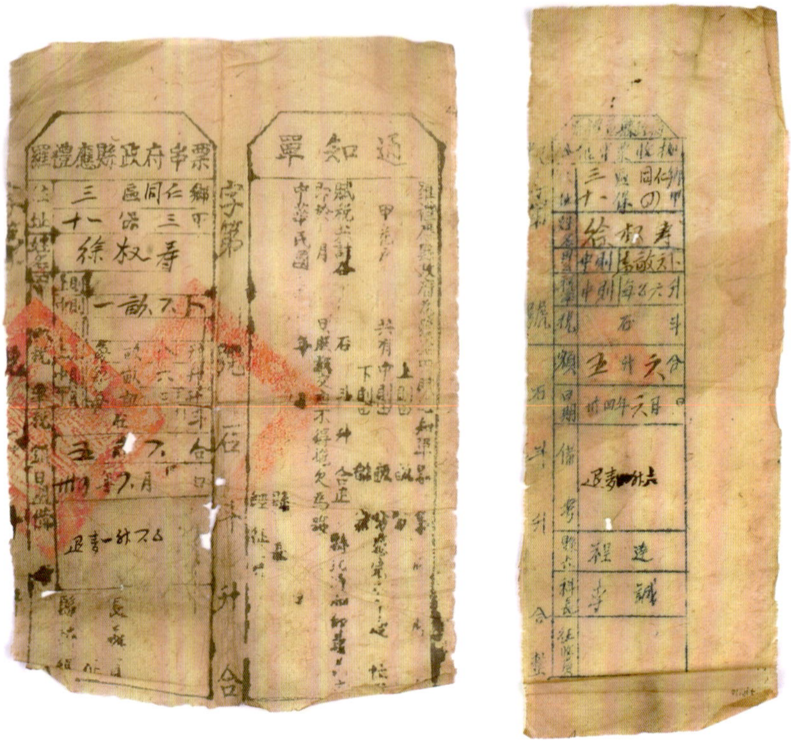

376. 罗礼应县政府串票

民国

大悟县革命博物馆藏

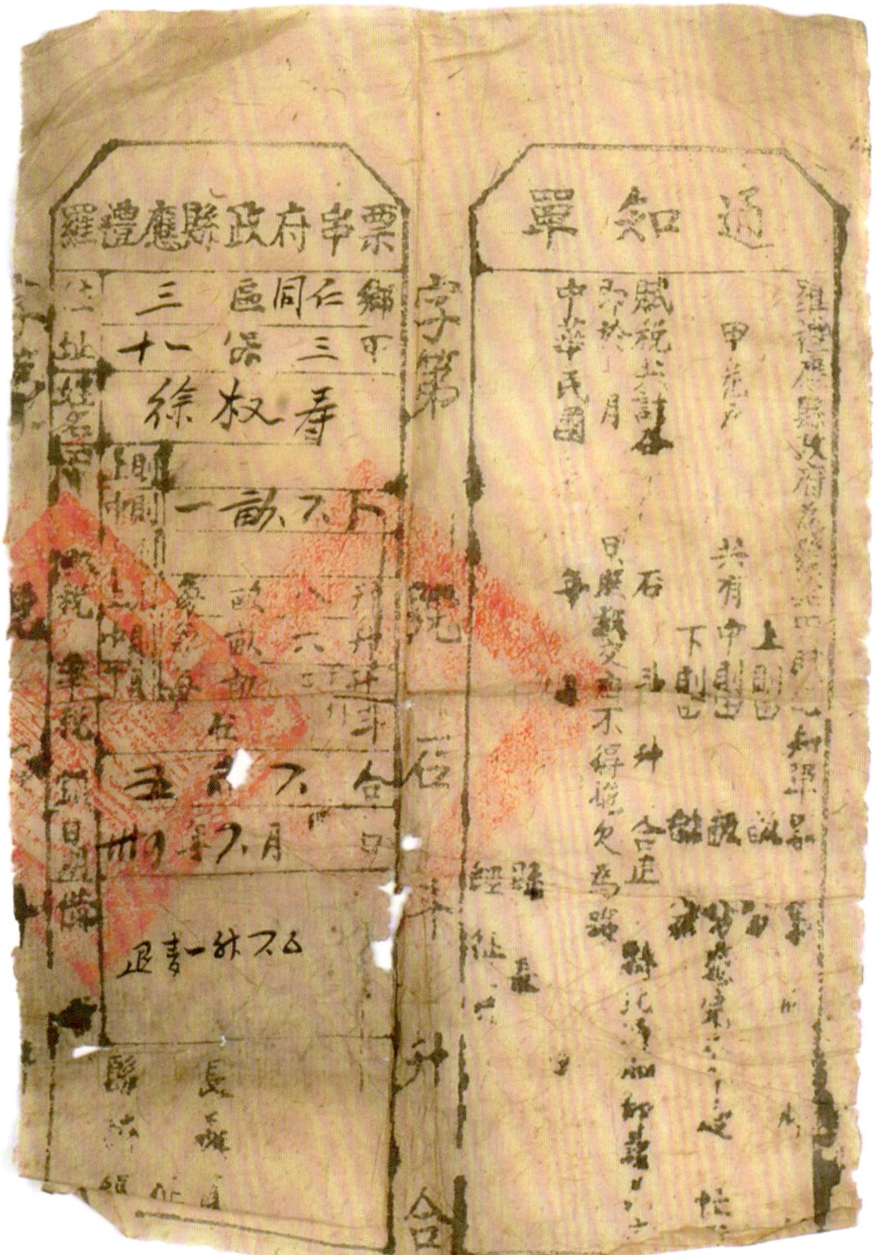
通知單
澧縣政府串票

后　记

孝感市第一次全国可移动文物普查工作在孝感市文化体育新闻出版广电局和各县、市（区）党委、政府的大力支持；全市博物馆和近百名普查工作者为普查工作付出了艰苦的劳动和辛勤的汗水。为纪念文物事业中这一历史性工程，展示孝感市第一次全国可移动文物普查丰硕成果，我们特编纂了这本《孝感可移动文物普查报告》。

本书由蒋俊春任总编，汪艳明和刘志升担任副总编。刘志升、张明、何旭佳同志任主编，承担了资料收集整理和编辑工作。各县、市（区）博物馆馆长和部分文物普查骨干参与了图录的资料甄选和编辑工作。

孝感市文体新广局宋明芳局长对本书的出版高度重视，并为本书作序。武汉大学科技考古研究中心陈官涛先生为本书的策划和内容提供多方指导，武汉大学出版社副总编王雅红老师对孝感的文物保护工作和本书的出版给予大力支持，编辑胡国民同志为本书付出大量心血。

在此一并致谢！

编者

2017 年 10 月